上海水下文化遗产保护研究丛书

中国木帆船

Chinese Wooden Sailboat

著 ◆ 何国卫

上海交通大学出版社
SHANGHAI JIAO TONG UNIVERSITY PRESS

内容提要

在本书中,何国卫教授将几十年来研究中国古船史的思考与心得进行了系统地整理与总结,是国内首次专门就中国木帆船从船型、航行性能、结构强度、工属具、修造工艺及古沉船的发掘与复原、保护与研究等方面进行较为系统地讲解。本书的出版可以弥补国内该领域空白。

图书在版编目(CIP)数据

中国木帆船/何国卫著.—上海:上海交通大学出版社,2019
(船史研究系列)
ISBN 978 - 7 - 313 - 21779 - 0

Ⅰ.①中…　Ⅱ.①何…　Ⅲ.①木船-帆船-船舶技术-技术史-研究-中国
Ⅳ.①U66 - 092

中国版本图书馆 CIP 数据核字(2019)第 176603 号

中国木帆船
ZHONGGUO MUFANCHUAN

著　　者:何国卫
出版发行:上海交通大学出版社　　　　　地　　址:上海市番禺路 951 号
邮政编码:200030　　　　　　　　　　　电　　话:021 - 64071208
印　　制:上海锦佳印刷有限公司　　　　经　　销:全国新华书店
开　　本:710mm×1000mm　1/16　　　印　　张:13
字　　数:214 千字
版　　次:2019 年 12 月第 1 版　　　　　印　　次:2019 年 12 月第 1 次印刷
书　　号:ISBN 978 - 7 - 313 - 21779 - 0
定　　价:150.00 元

序

何国卫教授的新著《中国木帆船》即将出版,由中国学者全面、系统论述中国帆船,这可能还是第一部。

中国木帆船历史悠久,别具特色。在世界古代造船史上占有光辉的一页。中国木帆船辉煌的技术成就得到了世界科技史学术界的公认。中国丰富的史料记载、优秀的艺术作品(如《清明上河图》和《姑苏繁华图》)和众多的出土古船及文物等无不展现出中国木帆船的先进技术。

早在春秋、战国时期,中国帆船不仅航行于江、河,而且也能在沿海作长途航行。在越国攻灭吴国之后,范蠡以为大名之下难以久居,于是乘舟浮海以行,从现今的东海北上,到达黄海,海程数百公里,这是众所周知的一例。中国帆船,在汉代,与从长安出发西行直到西亚和欧洲的陆上丝绸之路的同时,还有从广东沿海的徐闻、合浦出发,经南洋诸岛到达印度半岛的海上丝绸之路。

中国帆船的技术成就,早就引起了西方人士的关注。在 20 世纪就有多部由西方人士撰著的《中国帆船》问世。一位法国海军军官路易·奥德玛(Louis Audemard),在中国和印度逗留多年,对中国帆船有极大的兴趣并且进行了钻研。他撰写并出版有一部多卷本的《中国帆船》。1994 年,澳门海事博物馆将其译成葡萄牙文并出版了这部大部头的著作。我国学者认为奥德玛的《中国帆船》是奠基之作。

还有一部在中国广为流传的著作是 1947 年在上海出版的《长江之帆船与舢板》。作者夏士德(G. R. G. Worcester),于 1911 年进入中国海关工作,因职务之便长期在长江流域旅行和调查研究。夏士德的著作附有大量的大幅照片,帆船桅杆、舵叶的大幅照片可以让人们了解这些设备的具体构造。1931 年长江发大水,在武汉江汉路大水中划行的舢板很是醒目。他在 1940 年还出版有《长江上游之帆船与舢板》。

唐涅利(I. A. Donnelly),自 20 世纪初到中国在大沽轮船公司任职。长期居住在天津、重庆和上海。1920 年在上海出版《中国帆船》(黑白版画),1925 年出版有《中国帆船与各地方船型》,图文并茂。对于了解中国帆船大有裨益。

还有一部关于《中国帆船》的画作,我最近才看到。这就是俄裔美籍人士 V. A. 索高罗夫的彩色版《中国船》。由集美航海学院陈经华教授译成汉语,索高罗夫本人还撰写序言的《中国船》,2013 年由海洋出版社出版。索高罗夫长期居住在中国,他的绘画水平很高,他笔下的中国船栩栩如生,她会让你爱上中国船。

这些西方人士笔下的《中国帆船》,对于了解和学习中国帆船是不可或缺的。特别是现在木帆船已经离开了人们的视野。再想微观地看看、摸摸中国的帆船,已经不可能了。但是这些著作的重要特点是:或各有所重,或以图取胜。

何国卫先生的《中国木帆船》,在于系统地、全面地论述木帆船的全部有关问题。如帆船的型线;静水力性能;动水力性能;帆船的结构强度;船桅与风帆;推进工具桨、橹、篙、纤;操纵工具舵;锚泊工具锚与碇;船型的讨论:沙船、福船与广船;木帆船的修造工艺;古沉船的发掘与复原;古沉船的保护与研究等。

何国卫先生的专业是船舶工程,从 1975 年起开始研究古船,迄今已有 40 多个年头。期间经常参与出土古船的测绘与研究。先后发表古船研究的论文近 70 篇。2017 年由南京大学出版社出版的《行舟致远扬帆丝路——何国卫船史研究文选》就收录了他的重要学术论文 49 篇。他在高校教过书;在船检局验过船;他还曾被派到国外作船舶的监造人;也曾赴海外出席国际学术会议或赴海外探视中国古代船舶模型。他的这些学术经历让他极其合适地成为了《中国木帆船》的著作人。

《中国木帆船》的作者在前言中提到:木帆船航行必须掌握四个重要特

性：船性、水性、风性和人性，而这四个重要特性又是相互紧密关联的。虽然主要是"船性"，但是也必须将四个重要特性统一考虑，使读者读起来、钻研起来很有趣味。

中国木帆船，既有历史的渊源，又有极其深刻的学问。木帆船的风帆对船舶稳性的影响，就是尚需解决的课题。笔者以为这当然不是《中国木帆船》应当探讨的课题，也不是读者大众想要知道的高深莫测的学问。

作者在前言中提到："木帆船的研究对象不仅是木帆船的本身，它还涉及航海、海外交通、历史、考古、人文、地理、材料、习俗等诸多学科，它是多学科的综合研究，因此凡涉及木帆船研究的各界学者以及文博工作者、船模制作者都将成为《中国木帆船》可能的读者。"笔者极其赞同这样的说法。我以为，在中国，《中国木帆船》是适合广大读者群众的通俗读物。

是为序。

于武汉理工大学造船史研究中心

2019 年 7 月 8 日

前　言

《中国木帆船》是一本关于中国木帆船的入门读物。

木帆船与钢质机动船的主要区别在于建造材质的不同和推进动力的不同。木帆船用木料建造，而钢质机动船用钢材建造；木帆船是靠自然力和人力推进，而钢质机动船是靠机械动力推进。因此，这两种不同的船舶存在着诸多方面的不同，而今编著的《中国木帆船》是专门针对中国古今的木帆船。

本书定义"中国木帆船"为中国的非机械动力的木质船舶。

木帆船航行必须掌握四个重要特性：船性、水性、风性和人性，船性是指与木帆船的船型、结构、属具设备等技术条件有直接关联的航行性能和操纵性能，如船的吃水深浅、抗风能力和操纵性能；水性是指航道特征和水文特性，如航道的水深、航宽以及航道是顺直还是弯曲，水流的流速、流向、水浪、河床海底状况；风性是指影响木帆船航行的风力、风向的特性；人性是指船工本身的与驾船有关的特点，包括船工的技术经验、劳动态度、心理素质和操作习惯等。船性、水性、风性和人性是紧密关联的。

本书不仅包含船舶形状、航海性能和结构强度等方面的船舶基础知识，还包括了木帆船的船型特点、船用属具和建造维修工艺等，也涉及木帆船的发掘、复原、保护和研究等内容。

中国木帆船的历史悠久，别具特色，在世界古代造船史上占有特殊的地位，曾有过光辉的一页。中国丰富的史料记载、优秀的艺术作品和众多的出土古船及文物等无不展现出中国木帆船的先进技术，中国木帆船辉煌的技术成果得到了世界的公认。蓬勃开展的中国木帆船研究已取得令人瞩目的成就。

本书将中国木帆船的历史研究贯穿其中，在了解船舶基础知识的同时结合史料和考古的研究成果比较系统地概述了木帆船的基本内容。

　　木帆船的研究对象不仅是木帆船本身，还涉及航海、海外交通、历史、考古、人文、地理、材料、习俗等诸多学科，它是多学科的综合研究，因此凡涉及木帆船研究的各界学者以及文博工作者、船模制作者都将成为《中国木帆船》可能的读者。

　　本书引用较多的实例以及选用较多的图片来直观地表述，可当作自学教材，也适宜选作各类涉及木帆船的培训班的教材，同时也是航海类院校和海事博物馆等单位相关人员的辅助阅读材料。

　　2018年9月"国家文物局水下文化遗产保护中心上海工作站"在上海举办"中国木帆船概论"讲座。本书是作者在该讲座的讲稿基础上做了补充修订后撰成的。

作者

2019年6月

目　录

目
录

1 木船型线

船舶的几何形状是以船体的型体线型来表达的。船舶主体形状是表示船体外形大小、肥瘦及线型等的几何特征。船舶型体的复杂几何形状具有自身的特点,由于航海性能和使用上的要求,船体表面形状一般是一个狭长的左右对称的几何体,它的表面线型相当复杂和不规则。

船体外形复杂的曲面难以用数学式子或语言文字准确地表达清楚,而是采用图形的方法描述,即船舶型线图。

钢船的型线取在船壳板的内表面,而木船的船壳板厚度相对钢板而言要大得多,所以木船的型线是包括外船壳板厚度的船体型体,即以船壳板的外表面为准。

1.1 木船主要尺度

1）我国木帆船规范的主尺度：

船长 $L(\text{m})$——沿满载水线自船首柱(或首部纵中剖面处船壳)前缘量至尾部纵中剖面处船壳外缘的长度。

船宽 $B(\text{m})$——在船长中点处,包括船壳板在内的船舶最大宽度(舷伸甲板不计入)。

型深 $D(\text{m})$——在船长中点处,沿船侧自平板龙骨下表面(无平板龙骨则取该处船底板的下表面)量至干舷甲板上表面的垂直距离。

吃水 $d(\text{m})$——在船长中点处,由平板龙骨下表面(无平板龙骨则取该处船底板的下表面)量至满载水线的垂直距离。

干舷 $F(\text{m})$——在船长中点处,沿船侧自干舷甲板上表面量至满载水线的垂直距离。

木船体主要尺度如图1-1所示。

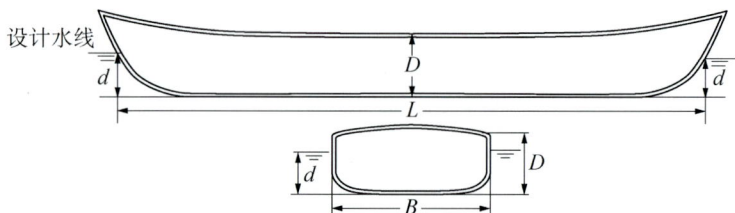

图1-1　木船体主要尺度图

2）史籍描述的主尺度

中国史籍对木帆船主要尺度，船长、船宽、型深等通常是没有明确定义的，例如，船长就有总长、身长、三段龙骨长和底长等称谓，而史籍中往往没有明确指出其值究竟是如何量取的，即使记有某个尺度的量取方法，也因每种尺度的含义不尽相同。不同时代对船的尺度表述也不尽相同，这就给古船的微观研究中的定量分析带来了很大的困难和存在一定程度的不准确性。例如，《明史·郑和传》用"造大舶，修四十四丈、广十八丈"记载郑和下西洋的大型宝船，记载中的"修"为长、"广"为宽，但不清楚船长和船宽的确切含义。

1.2　剖面与剖线

对船体表面几何形状的描述必须用到剖面和剖线。

1.2.1　三个剖面与剖线

设立直角坐标，由在型体上的三个相互垂直的横向船中垂直平面、纵向船中垂直平面和基平面构成，剖出三个剖面：船中纵剖面、船中横剖面和设计水线面（见图1-2）。

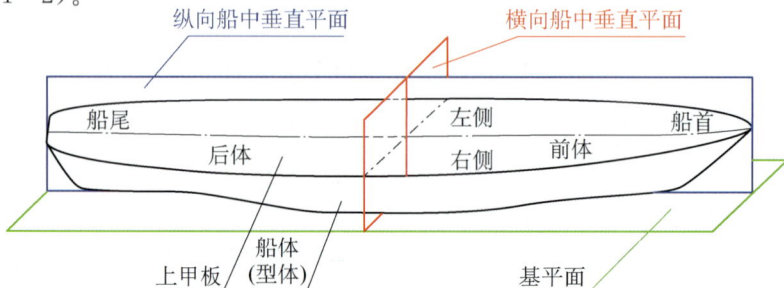

图1-2　三个互为垂直的剖面

1）船中纵剖面

船中纵剖面是以纵向船中垂直平面切入型体时所得到的剖面,剖面图中给出了纵向船中垂直平面与型体的交线,称为纵向中剖线,如图1-3所示。纵向船中垂直平面是通过船体纵向中心线且垂直于水平面的纵向平面,它把船体分割成左右对称的两个半片体,在船舶前进方向右边的为右半片体,左边的为左半片体。

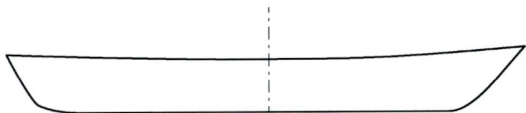

图1-3 纵向中剖线

2）船中横剖面

船中横剖面以横向船中垂直平面切入型体时所得到的剖面,剖面图中给出了横向船中垂直平面与型体的交线,称为横向中剖线,如图1-4所示。横向船中垂直平面是三个相互垂直平面中通过船长中点的横向平面,它把船体分割成前体和后体。

图1-4 横向中剖线

3）设计水线面

以设计状态水平面切入型体时所得到的剖面,剖面图中给出了设计状态水平面与型体的交线,称为设计水线,也称为满载水线,如图1-5所示。设计状态水平面系指船舶在夏季满载(满足设计合同要求的载货量或载客量或其他有效服务装载量)出港状态时浮在水中的水平面,它把船体分割成水上和水下两部分。

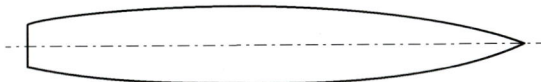

图1-5 设计水线

1.2.2 船体几何形状的特征

1）舷弧

中纵剖线上可以见到舷弧线，(见图1-6)它是指上甲板边线的纵向曲度。通常船长的中部附近最低，向首尾两端逐渐升高，甲板边线沿船长方向各点的升高值称为舷弧值。在满载水线首尾处的升高值，分别称为首舷弧和尾舷弧。舷弧可减少甲板首尾部的上浪，便于排除上浪海水。甲板首端翘得最高是因为船首上浪的情况最为严重，船首高翘可使船舶抵制上浪，使船首甲板保持干燥，以便水手操作和保证人员的安全。

舷弧还可以增加船舶前后部的浮力，改善船的纵摇、稳性和抗沉性，使船具有良好的适航性，且使外形美观。

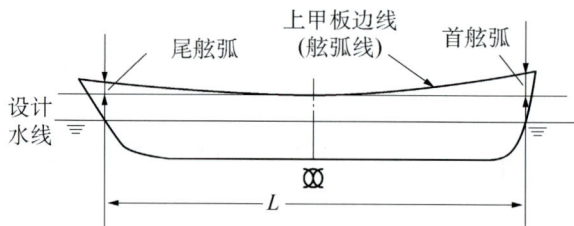

图1-6 舷弧线

2）梁拱、舭部升高和舭部半径

在横中剖面线上反映出梁拱、舭部升高和舭部半径(见图1-7)。

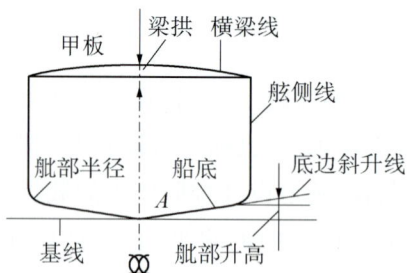

图1-7 梁拱、舭部升高和舭部半径

（1）梁拱。

梁拱是甲板的横向拱度，从船的两侧逐渐向纵向中心线抬起的拱形在甲板中心线处最高，向甲板边线逐渐降低。梁拱从船中向前、向后两端逐渐变小，在前、后两端处皆为零。

梁拱的作用是排除甲板积水,还可以增强甲板的刚性。露天甲板必须具有梁拱。有的船为迅速排水的需要而取较大的梁拱值,但较大的梁拱使得甲板横向坡度很陡,以致人员站立都困难,需要在大梁拱的甲板之上再铺设一层非水密的水平平台以利船员作业活动,江苏一带的沙船就是如此。

梁拱值用各甲板纵向位置处的甲板中线与甲板边线的高度差表示。一般均指船体最大横剖面处的梁拱值,梁拱值根据需要确定,一般为船宽的五十分之一,也有百分之一或二十五分之一的差异。

（2）舭部升高和舭部半径。

舭部升高又称船底升高。在船舶最大横剖面处,从平板龙骨边线 A 点起,向两舷船底型表面所作的切线,称为船体斜升线,斜升线与舷侧切线的交点距基线的高度,称为舭部升高。简单地说,就是船底线从平板龙骨向两侧翘起的高度。当然,平底船的舭部升高为零,而尖底型的宋代福船的舭部升高就很大了。

若舭部形状呈圆弧形时,最大横剖面处的舭部圆弧半径称为舭部半径。浙船有大圆舭的,而对平底宽度很大的平底船而言,它的舭部半径就显得很小了。

1.3 船型系数、浮心纵向位置

船舶主尺度和三个剖面线只是描述了船体的外形轮廓,而船体的空间形状还得用船型系数、浮心纵向位置等来描述。

1.3.1 船型系数

1）设计水线面系数

定义：设计水线面面积与其边界长方形面积的比例系数（见图1-8）。其表达式为

$$C_w = A_w / L \times B$$

式中：

C_w——设计水线面系数；

A_w——设计水线面面积；

L——船长；

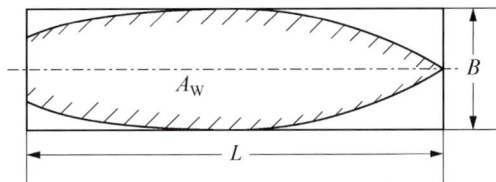

图1-8　设计水线面系数

B——船宽。

2）船中横剖面系数

定义：设计水线以下的船中横剖面面积与其边界矩形面积的比例系数（见图1-9）。其表达式为

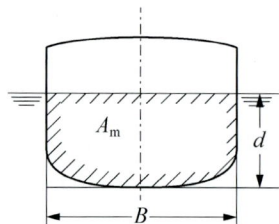

图1-9 船中横剖面系数

$$C_m = A_m / B \times d$$

式中：

C_m——船中横剖面系数；

A_m——船中横剖面面积；

B——船宽；

d——吃水。

3）方形系数

定义：设计水线以下的型体体积与其边界长方体体积的比例系数（见图1-10）。其表达式为

$$C_b = V / L \times B \times d$$

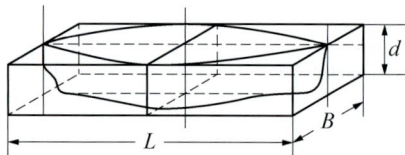

图1-10 方形系数

式中：

C_b——方形系数；

V——设计水线以下型体体积；

L——船长；

B——船宽；

d——吃水。

4）纵向棱形系数

定义：设计水线以下的型体体积与以船中横剖面为型体两个端平面的边界棱柱体体积的比例系数（见图 1－11）。其表达式为

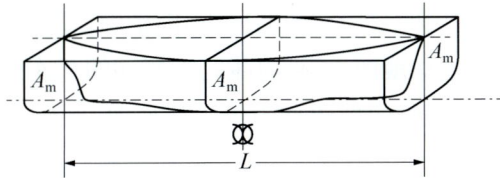

图 1－11　纵向棱形系数

$$C_p = V \ / \ A_m \times L$$

因为 $V = C_b \times L \times B \times d$；$A_m = C_m \times B \times d$，所以纵向棱形系数 C_p 又可表达为

$$C_p = C_b \ / \ C_m$$

作用：表征设计水线以下的型体体积沿船长方向分布的均匀性，纵向棱形系数越大，型体水下体积沿船长分布越均匀，C_p 越小，型体水下体积越集中于船中部分。

1.3.2　浮心纵向位置

定义：型体在设计水线以下的体积中心离船中横剖面的距离（见图 1－12）。以 X_B 表示浮心纵向位置，正值时表明浮心在船中前，负值时表明浮心在船中后。

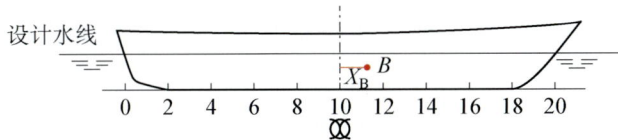

图 1－12　浮心 B 点纵向位置

作用：表征型体在设计水线以下的前、后体形状沿纵向不相同的丰满程度。

　　船体型线图是表达船舶型体整体几何形状的图样。

　　船型体表面是不规则的三向空间曲面,不能精确地用数学方法描述,只能采用等高线地形图的方法,在地图上,把海拔高度相同的点连接成线,称为等高线。用等高线表示地面高低起伏的地图称为等高线地图,例如用地形等高线表达山体的形状(见图1-13)。

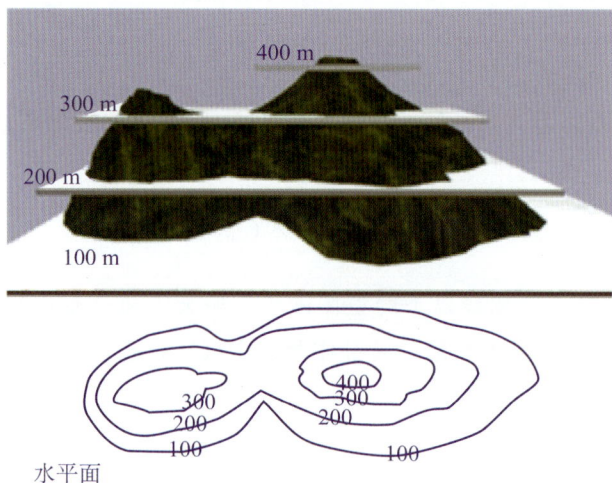

图1-13　等高线地形图

　　船体形状的描述是将船体用平行于三个基本剖面的若干剖面剖线,组成了表达船体几何形状的三组互相垂直的曲线(见图1-14),它与船体轮廓线及其他特殊表面线称为型线,这种以线条标识型体的图称为船体型线图(见图1-15)。

　　以某船船体型线图为例,绘制的大致步骤如下:

　　第一步,剖出型线。

　　一是以包括纵向船中垂直平面在内的数个纵向垂直平面,在型体左侧片体上,剖出中纵剖线和若干彼此相互平行且间距等同的纵剖线,通常标以Ⅰ纵剖线、Ⅱ纵剖线、Ⅲ纵剖线……也有以距中纵剖面的距离值标出的情况,如图1-15上标以1 000(mm)纵剖线、2 000纵剖线、3 000纵剖线。纵剖线个数以剖出

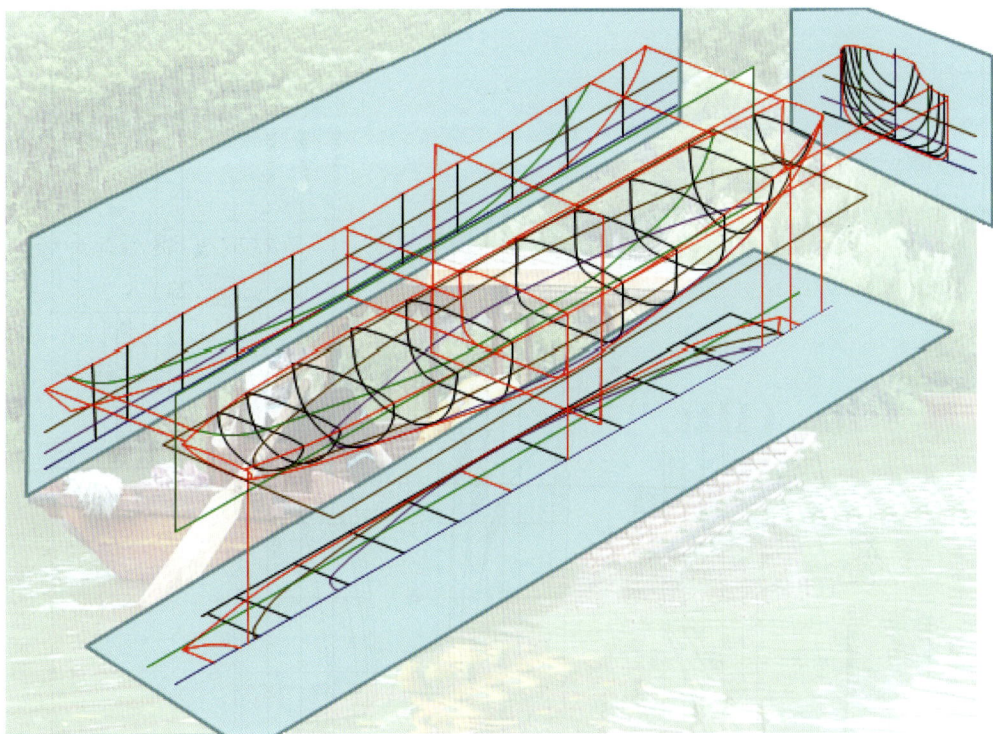

图 1-14　船体型线图，通常采用三向视图表达法

的纵剖线能够反映出左侧片体形状的纵向变化程度为准则。

　　二是在设计水线长上按等同间距分隔出 0，1，…，19，20 共 21 个站点，并以每个站点的横向垂直平面，在型体上剖出第 0 站横剖线、第 1 站横剖线、……、第 19 站横剖线、第 20 站横剖线，对型线比较平直的船也有全船只剖取 11 个站的横剖线的。

　　三是在设计吃水高度上，以几个等间隔的不同吃水位置水平面，一般特别加上设计水线，如图 1-15 在型体上剖出 4 条水线：400 水线、800 水线、1 200 水线、1 600 水线（设计水线），这些水线是相互平行的。不同吃水位置水平面个数的确定，以剖出的水线能够反映出型体水下形状的垂直方向变化程度为准则。

　　第二步，建立剖面图。

　　将上述这些剖出的型线按三向视图投影规则，一起投放到纵向船中垂直平面图、横向船中垂直平面图和基平面图上，分别给出：

　　一是由各站点横剖线与各水线的投影直线以及剖出的中纵剖线、各纵剖线所

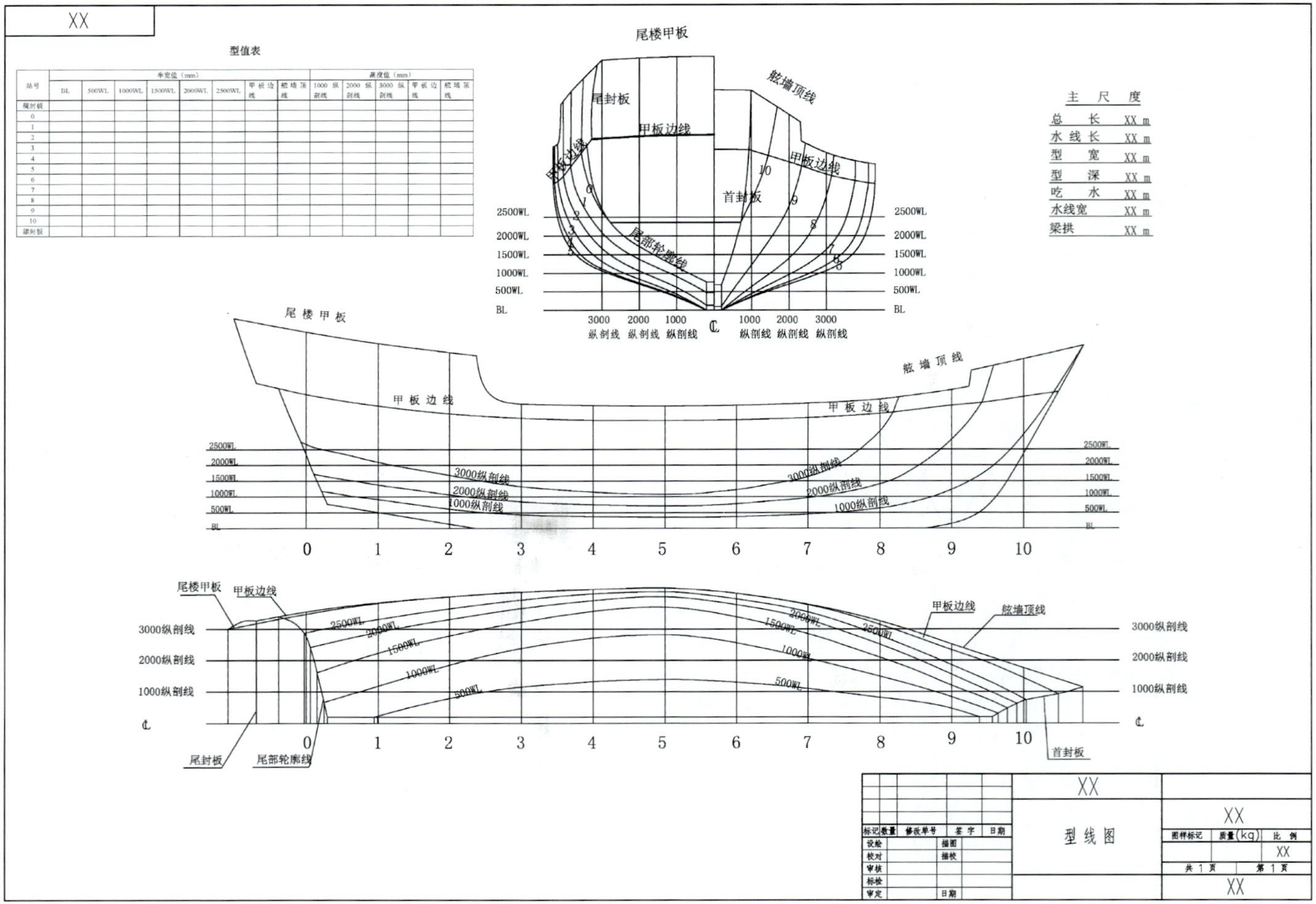

图 1—15 船体型线图

组成的纵剖面图。

二是由各条水线与各条纵剖线的投影直线以及剖出的各个站点横剖线所组成的横剖面图。其中，后体站点横剖线的左半部分放在船中横剖线左侧，前体站点横剖线的右半部分放在船中横剖线右侧。

三是由各条纵剖线与各个站点横剖线的投影直线以及剖出的各条水线和设计水线所组成的水线半宽图。

第三步，构成型线图。

在纵剖面图和横剖面图上标出船中符号⊗，并在纵剖面图、横剖面图、水线半宽图上写出型线名称，构成完整的船体型线图。

有的木帆船型线图的横剖线是以横舱壁和/或肋骨位置作为站点的，因此它的横剖线站线不一定是等分的。

完整的型线图还要附有型值表、标注主尺度及标题栏。型值表上标出各站水线半宽值、各纵剖线在各站的高度值以及甲板边线、首尾端等船体轮廓线数值。

船体型线图给出了呈多向曲度变化的流线型几何曲面体的型体外形，是船舶性能计算和船体建造的重要依据。

1.5 型体特征

木帆船船型特征很多，各地和各类船很不相同，主要表现在船首、船尾、船底和横中剖面形状等方面。

1.5.1 船首

船首部的形状或型线是按前搪浪板（前封板）或首柱的纵曲线和首端横剖线加以区别。木帆船首型通常分为平头、方头、尖头、杓型头、梯形头、鸡胸头等，还有一种"T"形头。

（1）平行船首（又称平头），首部较宽，两舷侧壳板稍向中心线收拢，前搪浪板以平缓的纵弧线上伸至封头板，舷弧和船型纵剖线倾角较小（见图1-16）。平行船首阻力小，容易操纵，便于装卸操作。

（2）方形船首（又称方头），首部肥大，前搪浪板从水线往上基本上是垂直的，船头正面近似方形（见图1-17）。方形船首阻力大，不利于破浪。

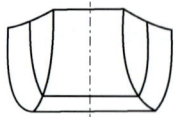

图 1 - 16　平行船首（平头）　　　　图 1 - 17　方形船首（方头）

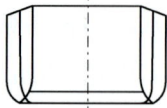

（3）杓形船首（又称杓形头），首端较窄而略上翘，前搪浪板上窄下宽，船首形状似杓的一部分（见图 1 - 18）。杓形船首有利于破浪，航行轻便灵活。

（4）梯形船首（又称梯形头），前搪浪板较窄，横剖面两侧外飘成梯形（见图 1 - 19）。浅梯形船首的阻力较小。

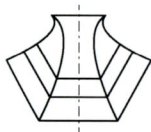

图 1 - 18　杓形船首（杓形头）　　　图 1 - 19　梯形船首（梯形头）

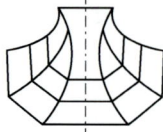

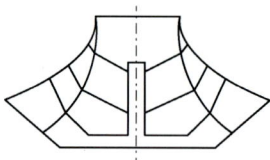

图 1 - 20　鸡胸船首
（鸡胸头）

（5）鸡胸船首（又称鸡胸头），搪浪板为纵向结构，上面窄削，下面较宽而呈凸形，颇似鸡的胸部（见图 1 - 20）。鸡胸船首阻力较小，但建造工艺较复杂。

（6）尖形船首（又称尖头），首面尖削，无横向搪浪板，有的船用很窄的木板拼接成搪浪板，呈尖形。有尖形船首的首尖还向上陡翘（见图 1 - 21）。尖形船首前进时水流从两侧流向船尾，阻力小，破浪好，但船首水线曲度要适当，过大会增加阻力，过小则首甲板面窄，不便装卸操作，有的尖形船首的舷弧做得较平，首甲板从两侧延伸至舷外，类似"T"形船首。

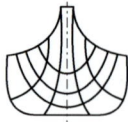

图 1 - 21　尖形船首（尖头）

（7）"T"形船首（又称"T"形头），首面上宽下尖，无横向搪浪板。首柱自封头板起，沿平缓的纵弧线向后伸至中心底板或主龙骨前端，两舷侧壳板和底板向

中国木帆船

纵中线逐渐收拢到首柱(见图1-22)。"T"形船首阻力小,航速快,容易上滩,同时首甲板宽大,便于航行和装卸操作。"T"形船首综合了平行船首和尖形船首的优点,但建造工艺较复杂。

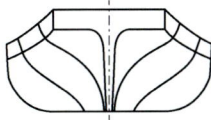

图1-22 "T"形船首("T"形头)

1.5.2 尾型

船尾部的形状或型线是根据尾部的侧面轮廓和横剖线形状而区别,与船的航行性能特别是操纵性关系较大。木帆船尾型通常分为平尾、齐尾、翘尾和圆尾。

(1) 平尾。

尾部较宽而平直,两舷侧上部壳板伸至舵柱后方,从而扩大了尾部甲板以上的面积。平尾船便于拖带(见图1-23)。

图1-23 平尾

(2) 齐尾。

尾部较宽而平直,后端低至舵柱。尾纵剖线从封梢板沿后搪浪板弧线伸至底板。齐尾船也便于拖带(见图1-24)。

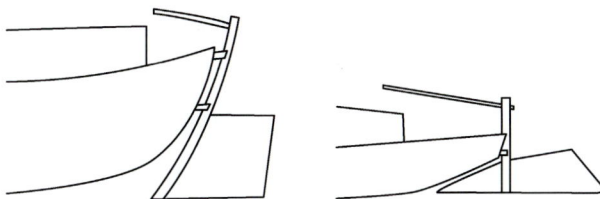

图1-24 齐尾

（3）翘尾。

尾部狭窄，后端昂翘甚至向上卷曲（见图 1-25）。在山区支流地区航行的翘尾船逆流上驶时，往往尾部向前，利于抗浪。有的翘尾船驶风时，利用高翘的尾尖作为支点，将帆的总脚索穿过尾尖的滑轮，便于掌握。翘尾船不便于拖带。

图 1-25 翘 尾

（4）圆尾。

福建沿海木帆船的一种尾型。尾部较窄且略翘，两舷壳板及舷墙后端呈外向弧线，略伸至后搪浪板后面，并有较宽的护艄木，尾端正面为后倾的竖向椭圆形（见图 1-26）。

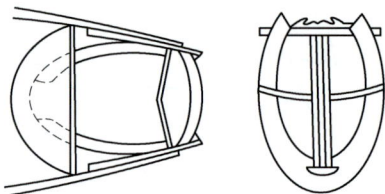

图 1-26 圆 尾

1.5.3 底型

船底部的形状或型线是根据底部的纵横剖型线而有所区别。与船的稳性、快速性和吃水关系较大。总体上有平底和尖底之分，沙船是典型的平底船，福船和广船通常是尖底船，浙船多见平底和尖底且大圆舭的。

（1）平底。

底板平直一般较宽，舭部肥瘦适当，两端起翘与搪浪板连接（见图 1-27）。江苏沿海著名的沙船即为平底型。平底船适航性好，有的平底船底板腰部略向上凹，以便于过浅；黄河有一种平底船，在底板腰部做成圆凸"锅底"，以利于冲沙、脱浅。

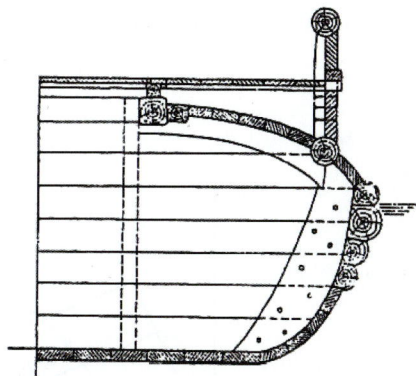

图 1-27　沙船横中剖面结构图

（2）尖底。

闽、浙古代航海木帆船的一种底型。底板横剖型线略似鱼背脊，从两侧舭部起沿曲率较小的弧线延伸至纵中线主龙骨，底呈尖形（见图 1-28）。航行深水区域阻力小，利于驶风。现代海上帆船尚有类似尖底型。

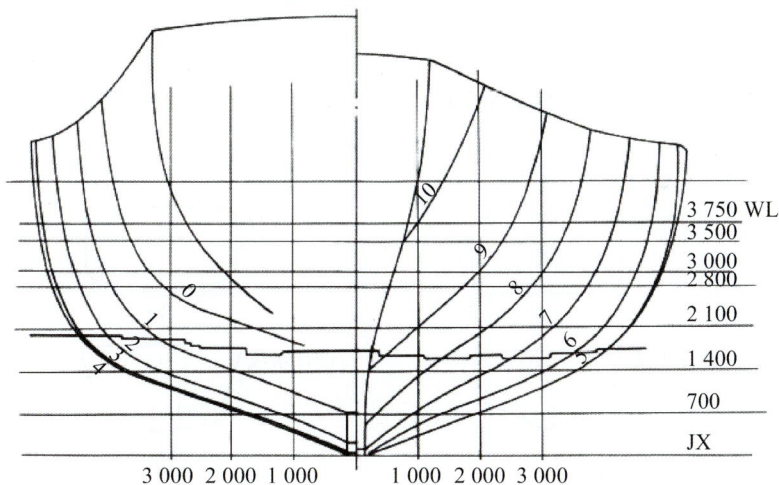

图 1-28　泉州宋代海船横剖面图

1.5.4　横中剖面型

船横中剖面的型线主要根据舭部与船身板型线区别。与稳性、吃水和装载量关系较大，对阻力也有一定影响。

横中剖面显示船底分为有舭升高和无舭升高，舭部是指在船横中剖面上，连接船底线与船侧的弧形线段,有的弧线是圆弧,根据弧线曲率大小的不同又分为小圆舭和大圆舭(见图 1 - 29)。

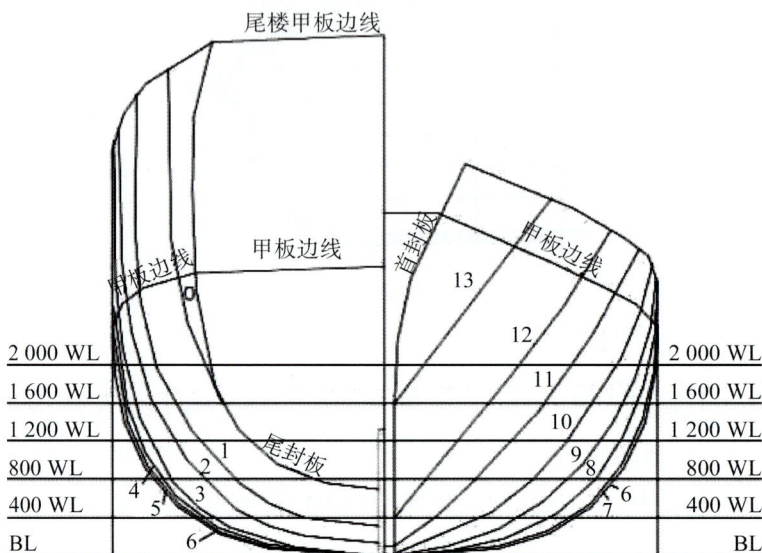

图 1 - 29　象山明代海船横中剖线图

船横中剖面形状大体有平底圆舭、斜底圆舭、斜底尖舭和舷侧外倾等(见图1 - 30)。

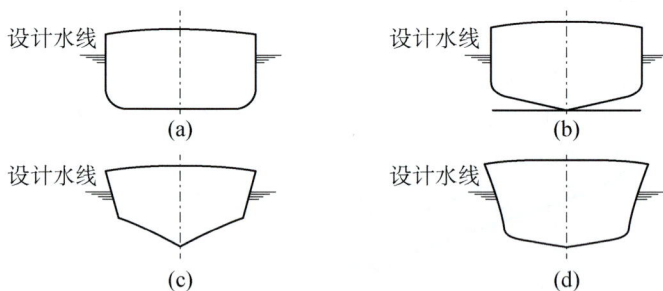

图 1 - 30　船横中剖面形状

(a)平底圆舭　(b)斜底圆舭　(c)斜底尖舭　(d)舷侧外倾

2 船舶静力性能

船舶航行性能包括浮性、稳性、抗沉性、快速性、操纵性、耐波性等,简称船性。其中的浮性、稳性和抗沉性统称为船舶静力性能;快速性、操纵性和适航性统称为船舶动力性能。

2.1 浮性

满载船舶在静水中受到两种力的作用,一是重力,即船舶自身各部分重量与装载物重量之和,即船舶总重量,它的方向是垂直向下的,此重力使船舶往下沉,其作用点称为船舶重心;二是船体表面各点处水压力,方向垂直于船体表面,如图 2-1 所示。从力学观点可将各点处水压力分解成横向的和竖向的两个分力。由于船体是左右对称的,因此各点处水压力的横向分力互相抵消,而各点处水压力的竖向分力的合力,即船体浮力,方向是竖直向上,使船舶向上浮,其作用点称为船体浮心。

船舶在静水中的漂浮能力取决于船舶总重量和船舶浮力。

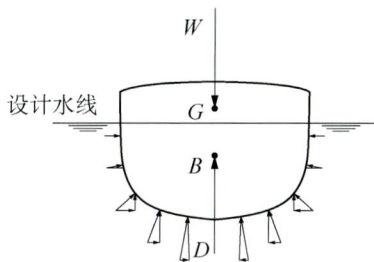

图 2-1　船体承受的浮力示意图

2.1.1 船舶的浮力和与重力

船舶自由浮于静水中所排开水的质量,称为船舶排水量,通常以符号 D 表示,也有用 Δ 表示的。船舶排水量的大小就是船体浮力的大小。

根据阿基米德原理:

$$D = \rho V$$

式中:D——船舶排水量,吨(t);

     V——排水体积,立方米(m^3);

     ρ——舷外水的密度,吨/立方米(t/m^3),标准淡水 $\rho = 1.000\ t/m^3$,标准海水 $\rho = 1.025\ t/m^3$。

船舶浮力的大小,等于船舶排水量 D 乘以重力加速度 g,即为 Dg。重力加速度 g 的单位为米/秒^2(m/s^2),浮力 Dg 的单位为千牛(kN)。

因为 $V = C_b LBd$,则排水量的表达式为

$$D = \rho C_b LBd$$

船舶浮力的方向,总是垂直于静水面向上。浮力作用中心称为船舶的浮心,就是水线下船体的几何中心,通常以符号 B 表示。浮心的三个直角坐标为 B(X_B、Y_B、Z_B)。

船舶的重量(严格地应称为船舶质量)是船舶所有重(质)量之和,通常以符号 W 表示。

船舶所受重力的大小,等于船舶重量(质量)W 乘以重力加速度 g,即为 Wg。W 的单位为吨(t),则 Wg 的单位为千牛(kN)。

船舶重力的方向,总是垂直于静水面向下的,重力的作用中心称为船舶重心,通常以符号 G 表示。重心的三个直角坐标则为 G(X_G、Y_G、Z_G)。

船舶静止的浮于水中的平衡条件是:作用于船上的重力 Wg 和浮力 Dg,必须大小相等方向相反,而且作用在垂直于静水面的同一条直线上。即

$$Wg = Dg$$
$$W = D$$

船舶的重力等于船舶的浮力,即船舶的重量 W 等于船舶的排水量 D。所以不需计算重力和浮力的具体数值时,都是以重量和排水量及相应符号 W 和 D 表示船舶的重力和浮力。

2.1.2 船舶的浮态

船舶在水中的漂浮状态称为浮态。由于船舶载重的大小和漂浮状态的不同，船舶浮于水中，有正浮、横倾、纵倾、横倾加纵倾等浮态。船舶的浮态用吃水 d、横倾角 θ、纵倾角 ϕ 或吃水差 t 表示。

1）正浮

船舶既无横倾又无纵倾的漂浮状态称为正浮。正浮时船舶的中纵剖面与横剖面都垂直于静水面，正浮只须用吃水 d 表示其浮态。

由于船体的几何形状是左右舷对称于中线面的，故船舶在正浮时浮心一定位于中纵剖面内，即 $Y_B=0$，但是船体首尾形状一般是不对称于中站面的，因此浮心的纵向坐标一般不在中横剖面内，而是随着船舶吃水的不同可能位于船中前或船中后（见图 2-2）。因此，船舶在正浮时的重力和浮力、重心位置和浮心位置应满足的平衡条件为

$$W = D$$
$$X_G = X_B$$
$$Y_G = Y_B = 0$$

船舶重心和浮心的竖向坐标与船舶的平衡无关，而一般重心位于浮心之上，即 $Z_G > Z_B$。

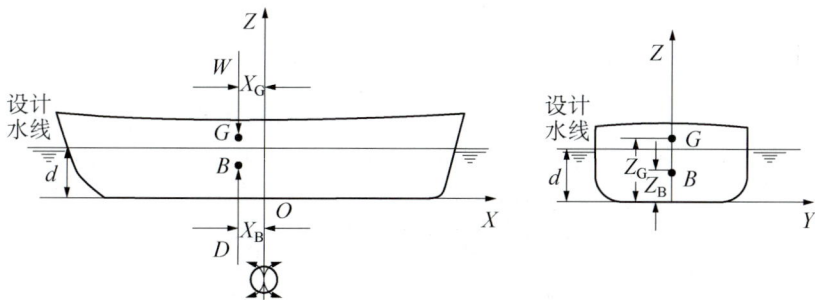

图 2-2 船舶正浮状态

2）横倾

船舶只具有横向倾斜而无纵向倾斜的漂浮状态称为横倾。横倾用正浮与横倾时两水线的夹角 θ 表示，θ 称为横倾角（见图 2-3）。

当船舶横倾一个 θ 角后达到平衡时，其重力和浮力必须大小相等、方向相

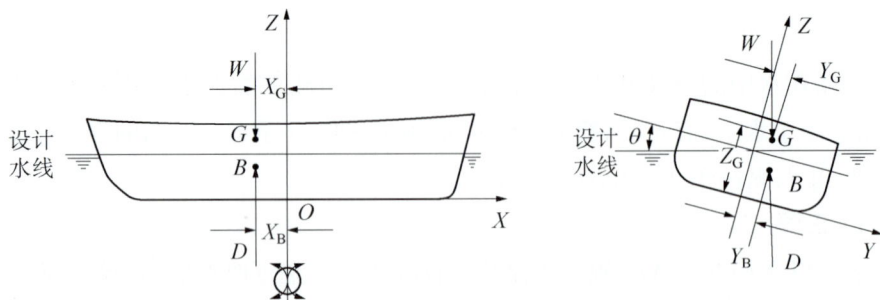

图 2-3 船舶横倾状态

反,并位于同一条垂直于静水面的直线上。因无纵向倾斜,重心和浮心纵向坐标相等,即 $X_G = X_B$。但是由于横倾一个 θ 角后,水线下的几何形状对中线面是不对称的,浮心坐标 $Y_B \neq 0$;又因为 $Z_G \neq Z_B$,所以 $Y_G \neq Y_B$。

因此,船舶横倾平衡时,重力和浮力、重心和浮心位置应满足的条件为

$$W = D$$
$$X_G = X_B$$
$$Y_B - Y_G = (Z_G - Z_B)\tan\theta$$

3) 纵倾

船舶相对于设计水线具有纵向倾斜而无横倾的漂浮状态称为纵倾。纵倾用吃水差 t 或设计水线与静水平面的夹角 ϕ 表示,ϕ 称为纵倾角。

纵倾平衡与横倾相似,当船舶纵向倾斜一个 ϕ 角达到静平衡时,其重力和浮力必须大小相等、方向相反,并作用在垂直于静水面的同一条直线上,但因无横倾,所以 $Y_G = Y_B = 0$。因为 $Z_G \neq Z_B$,重心和浮心纵向坐标 $X_G \neq X_B$(见图 2-4)。

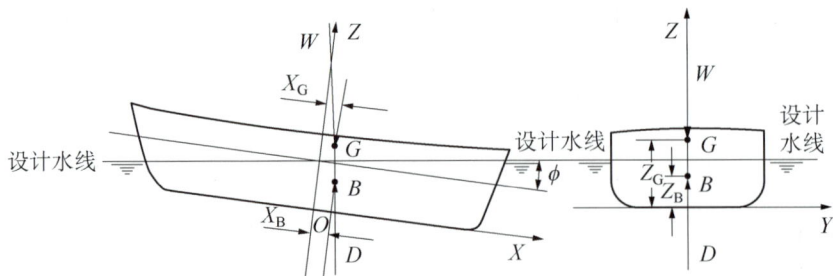

图 2-4 船舶纵倾状态

因此,船舶在纵倾平衡时,重力和浮力、重心和浮心位置应满足的平衡条件为

$$W = D$$
$$Y_B = Y_G$$
$$X_B - X_G = (Z_G - Z_B)\tan\phi$$

4）纵倾加横倾

纵倾加横倾是船舶既有纵倾又有横倾的一种漂浮状态。此时虽然重力和浮力的大小相等、方向相反,并作用在垂直于静水面的同一条直线上,但是,重力和浮力位置既不同时位于中纵剖面上,也不可能位于同一横剖面上,即 $X_G \neq X_B$、$Y_G \neq Y_B$(见图2-5)。

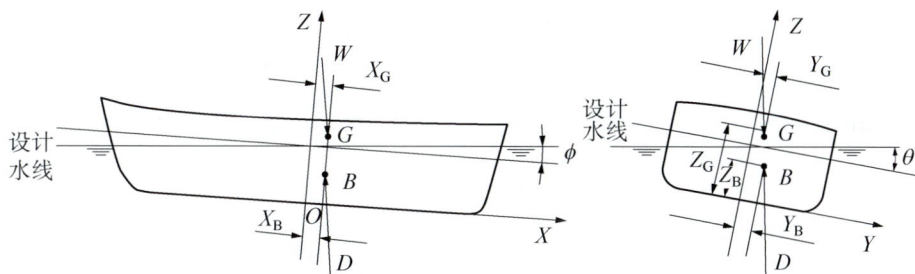

图 2-5　船舶纵倾加横倾状态

因此,船舶在既有纵倾又有横倾的浮态平衡时,重力和浮力、重心和浮心位置应满足的平衡条件为

$$W = D$$
$$X_B - X_G = (Z_G - Z_B)\tan\phi \text{ 和 } Y_B - Y_G = (Z_G - Z_B)\tan\theta$$

由上述的分析可见,船舶在水中的漂浮状态,即船在水中的吃水大小、正浮、横倾、纵倾等浮态与船舶的重量及重心位置、排水量和浮心位置有关。

2.1.3　船舶静水力曲线

当船体的几何形状一定时,船舶的排水体积和排水体积的几何中心坐标是随着吃水 d 的变化而变化的。把船的排水量和浮心坐标随着吃水变化的数值计算出来,并以竖坐标为吃水 d,取用一定的比例绘成曲线,图中有排水量曲线 $D = f(d)$、浮心距船中坐标曲线 $X_B = f(d)$、浮心距基线高坐标曲线 $Z_B = f(d)$。图上另外还绘出了涉及船舶稳性的曲线(将在2.2节介绍),这些曲线绘在同一张图上,就组成了静水力曲线图(见图2-6)。船舶静水力曲线图

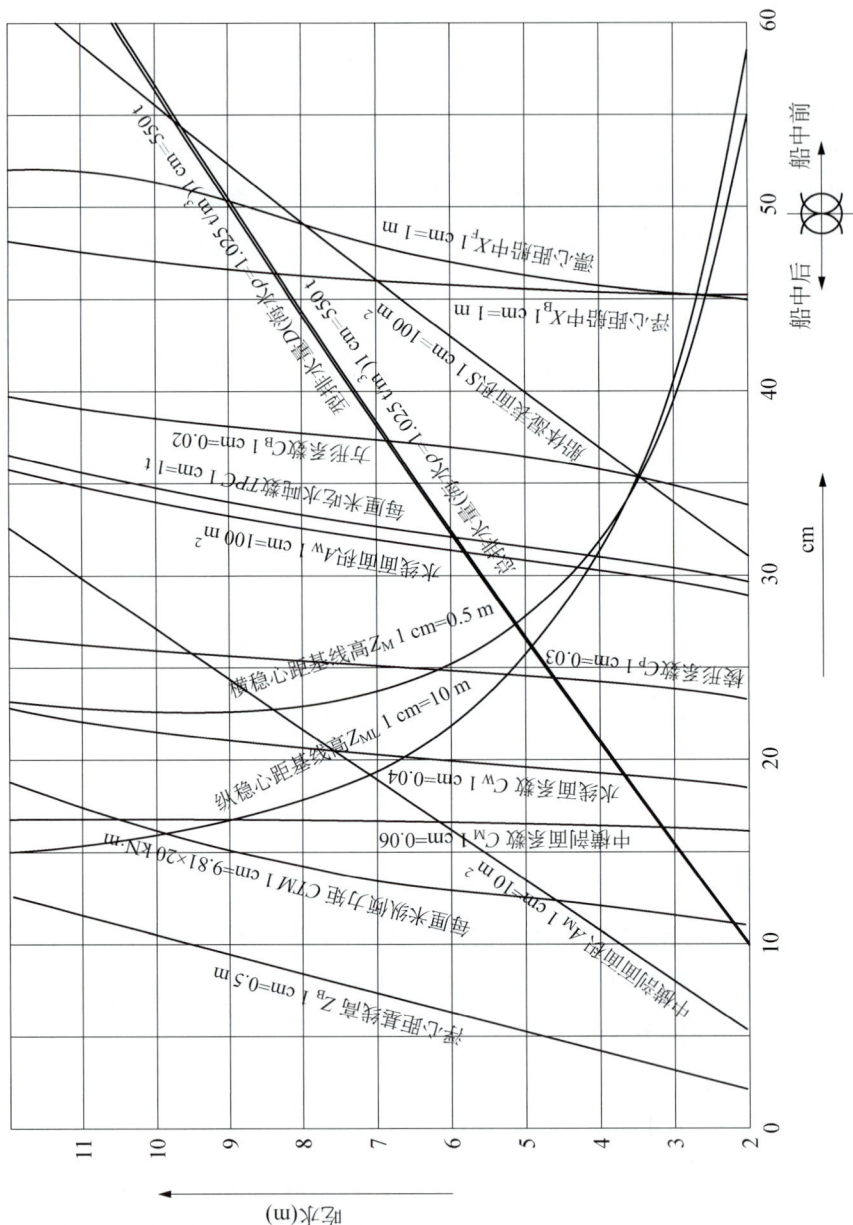

图 2 - 6 船舶静水力曲线图

是船舶计算中用到的重要资料之一。

2.1.4　船舶总重量

船舶总重量是船舶空船重量与船舶载重量两项之和,可用公式表达为

$$D = LW + DW$$

式中:

D——船舶满载排水量,吨(t),即是船舶总重量;

LW——空船重量,吨(t);

DW——载重量,吨(t)。

船舶空船重量占船舶总重量的比例不小,且不同类型的船舶差异较大,木帆船的空船重量包括船体木料重量、木作舾装重量等,固定压载通常计入空船重量,古代木帆船不同于机动船,它并不存在机电设备重量。

船舶载重量包括载货量、载客量等有效服务装载量以及淡水、船员、行李、食品、供应品、备品、可变的压载水等重量。

对于用途相同、船型和结构相近、主尺度相差不算太大的船来说,空船重量占排水量的比值是比较接近的。

2.1.5　古人对浮性的认知

人类对浮力的认识最早是通过在生活中对自然现象的观察中获得的,或者说受到大自然的启示。人们看到落叶漂浮在水面上,树枝、竹子掉入水中不会沉没,但是一块小石头扔进水中却立即沉没,古人从中慢慢地认识到轻的东西会浮在水面而重的东西只能沉没水中。逐渐发现了人在水中抱住粗大的树干就能不沉,如果抓住一根树枝是无济于事的,由此明白了树枝虽然能浮在水上,但当人手去抓住它的时候,树枝也会沉下去。各种反复出现的、常见的自然界现象给人们以启示:自然界能浮于水上的树叶、树枝、竹子、树木等的浮水能力是不相同,后来,人们自然而然地发现如果将竹子或树枝,尤其是树木集合捆扎在一起就能获得较大的浮力,于是木筏、竹筏等原始浮具应运而生。

独木舟能比实心树木承受更多的载重,"刳木为舟"正是这种认知的反映。

船舶的浮性,是古代劳动人民在数千年的实践中逐步认识和掌握的。在公元3世纪的三国时期有一个为人们所熟悉的"曹冲称象"的故事(见图2-7),故事说的是,孙权送给曹操一只大象,曹操欲知大象的重量,无奈因大象的体积庞大而无法称重,正在为此事犯愁时,曹操的小儿子曹冲提出了一个非常有道理的

称重办法：先把大象拉到船上，在船的吃水处刻下记号后，再把大象牵拉到岸上，然后把别的物品装到船上，直到吃水线达到所刻画的吃水记号为止，此时，只需称得物件的总重量就可以知道大象的重量了。曹冲的聪明是他懂得了船的重量和排水量之间的关系。

图 2-7　曹冲称象

历史上还有一个"怀丙捞铁牛"的故事，说的是距今八百多年前，在山西蒲州（今潼关附近）的黄河上的浮桥，它本是用大铁链系结在八只大铁牛上固定的。有一年黄河发大水冲垮了浮桥，不料有一只大铁牛也被冲入河底，重达数万斤的大铁牛如何捞上来呢？一位名叫怀丙的聪明小和尚用了非常巧妙地方法给解决了，他的办法是将两只装满沙土的大船，夹在铁牛的两旁，在两条船上，横向搁置一根粗大的木杠，再用粗缆绳将船绑紧，缆绳的下端挂上钩子，并用钩子钩住铁牛，然后，只要卸去船上原来装载的沙土，随着船上沙土的减少，船就随之上浮，这样就能达到打捞铁牛的目的了。这是应用船的浮沉规律的一个实例。

2.2　稳性

船舶稳性是指船舶受外力作用时离开平衡位置而倾斜，当外力消除后船舶能够自行地回复到原平衡位置的性能。船舶稳性包含船舶的"抵制倾覆"和"回复"能力，其中，"抵制倾覆"是指在外力作用下船舶只发生倾斜而不会倾覆，"回复"是指在外力作用消除后船舶又能回复到原来的平衡状态。

船舶是否具备足够的稳性是涉及船舶在承受外加倾覆力矩作用下不至于倾覆的重大安全问题之一。

船舶稳性有以下不同：

按倾斜状态的不同分为横稳性和纵稳性。横稳性指船舶横向倾斜时的稳性；纵稳性指船舶纵向倾斜时的稳性。

按倾斜时有无角速度的不同分为静稳性和动稳性。静稳性指船舶倾斜过程中角速度和角加速度等于零；动稳性指船舶倾斜过程中具有一定的角速度和角加速度。

按倾斜角度大小的不同分为初稳性和大角稳性。初稳性指船舶从正浮状态向左或右倾斜的角度不大于 $10°\sim15°$ 时的稳性；大倾角稳性指船舶从正浮状态向左或右倾斜的角度大于 $10°\sim15°$ 时的稳性。

按船舱破损与否分为完整稳性和破舱稳性。完整稳性指船舱完整无损浸水时的船舶稳性；破舱稳性指船舱破损浸水后的船舶稳性。

船舶一般不会因为纵稳性不足而倾覆，所以船舶稳性主要讨论横稳性问题。当无特别指出时，均指的是船舶横稳性，简称船舶稳性。

破舱稳性是属于船舶抗沉性的内容，在讨论船舶稳性时主要是讨论船舶完整稳性。

当船舶受到横向的风、浪、船舶回航、船上货物移动或拖牵力等作用时，船舶发生横倾，这种使船舶产生横向倾斜的外力，统称为横倾力矩，用符号 M_h 表示。风力是最主要的，也是最基本的外力，尤其是风帆船。船舶在横倾力矩作用下发生横倾的过程中，通常假设横倾力矩的大小是不随横倾角 θ 和时间的变化而变化的，认为是一个常量。

2.2.1 初稳性

船舶在一横倾力矩 M_h 作用下，从正浮位置起倾斜一个小于 $10°\sim15°$ 的角度 θ，倾侧范围的船舶稳性称为船舶初稳性。

图 2-8 所示船舶，当船舶受一横倾力矩 M_h 作用，从正浮位置向一侧微倾一个 θ 角时，水线由 WL 移至 W_1L_1，在等体积微倾的情况下，倾斜前后两水线面的交线（倾斜轴）是过倾斜前水线面的漂心 F 点。

船舶在倾斜过程中，假定船舶重心 G 位置是不能移动的。此时，重力 W 和

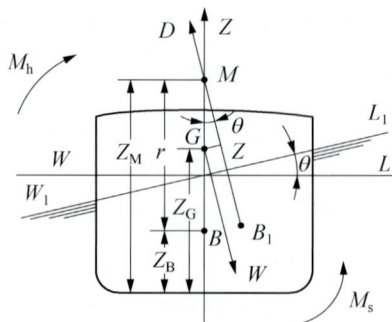

图 2-8　船舶初稳性高度

浮力 D 的大小不变,方向垂直于新的水线 W_1L_1,但两个力不再作用在同一直线上,由此形成一个力偶矩 $M_s = D \times GZ$,力偶矩 M_s 的方向与横倾力矩 M_h 的方向相反,是扶正船舶或使船舶回复到初始的平衡位置,该力偶矩称为船舶稳性力矩。式中的 GZ 值是从船舶的重心 G 向新的浮力作用线所作的垂线,称为船舶静稳性力臂。

在船舶倾斜过程中浮心 B 移动的轨迹 BB_1,称为浮心曲线。浮心曲线的曲率中心,称为船舶的稳心,用符号 M 表示。船舶在倾斜过程中,由于浮力作用线总是在浮心曲线的法线方向上,因此,稳心 M 点也可以视为是微倾前后两浮力作用线的交点。图上的稳心 M 在浮心 B 之上的高度 BM 称为稳性半径,用符号 r 表示。

设船底基线为 K 线,即稳心 M 的高度 Z_M 为 KM,重心 G 的高度 Z_G 为 KG,浮心 B 的高度 Z_M 为 KB,稳心 M 在船舶重心 G 之上的高度 GM 称为船舶初稳性高度,则有初稳性方程

$$GM = KM - KG$$

式中:
$$KM = BM + KB$$

所以
$$GM = BM + KB - KG$$

也即,
$$GM = Z_M - Z_G = r + Z_B - Z_G$$

静稳性力臂 GZ 为 $GZ = GM\sin\theta$,静稳性力矩 M_s 为 $M_s = D \times GZ$,则有

$$M_s = D \times GM\sin\theta$$

当稳心 M 在重心 G 之上,则 $GM > 0$,初稳性高度为正值,此时,稳性力矩 M_s 与横倾力矩 M_h 方向相反,当外力矩 M_h 消除之后,船舶在稳性力矩 M_s 作用

下会自行回复到初始平衡位置。所以船舶的原始平衡状态为稳定平衡状态,表明船舶具有稳性。

当稳心 M 在重心 G 之下,则 $GM < 0$,初稳性高度为负值,此时,稳性力矩 M_s 与横倾力矩 M_h 方向相同,当外力矩 M_h 消除之后,船舶在稳性力矩 M_s 作用下会继续倾斜下去,不会回复到初始平衡位置。所以船舶的原始平衡状态为不稳定平衡状态,船舶不具有稳性。

当稳心 M 与重心 G 重合时,则 $GM = 0$,初稳性高度为零,此时,因为 $GM = 0$,所以稳性力矩 $M_s = 0$,当外力矩 M_h 消除之后,船舶就平衡在新的水线 W_1L_1 处,所以船舶是处于随遇平衡状态,船舶也不具有稳性。

由上述可知,初稳性高度 GM 可作为船舶初稳性的评判指标。航运界要求设计的船舶和在运营的船舶,不允许出现初稳性高度 GM 是零或负值,必须是正值,就是这个道理。

可见,船舶所处的初始平衡状态的重心 G 和稳心 M 的相对位置直接关系到船舶是否具有稳性。

对于船体几何形状一定的船,船舶稳性距基线的高度 Z_M(即 KM)与船舶吃水 d 有关,在静水力曲线图上也有此曲线 $Z_M = f(d)$。

对确定的船舶而言,其对应吃水下的 Z_M 是一定的。从初稳性方程中可知,重心高度 KG(即 Z_G)的高低直接影响到初稳性高度 GM 的大小,KG 越低则 GM 越大。船舶重心距基线的高度 KG 除了与船的本身空船重量和重心高度有关外,还与船舶的装载货物等重量的重心位置有关,由于货物的重量多少和装载位置的高低不同,船舶装载后的重心高度就不同,因此在船舶出港、航行中途和到港情况下船舶重心高度是不同的。所以船舶往往采取船底加压载来降低重心高度,以达到提高船舶稳性。

2.2.2 大倾角稳性与静稳性曲线

船舶在大角度(大于 $10°\sim15°$)静倾侧范围的复原能力为大倾角稳性。当船体横倾角 θ 大于 $10°\sim15°$ 时,水线面的形状变化得比较大,浮心 B 移动的轨迹曲线就不是小倾角时的近似为一段圆弧线了,此时的稳心 M 点也就不再是一个在船舶中线上的固定点,而是随着横倾角 θ 的增大而逐渐地移动着的,而在船舶倾斜过程中,假定船舶重心 G 是不移动的,因此大倾角时的静稳性力臂 $GZ = GM \times \sin\theta$ 就不成立了,大倾角时的静稳性力矩是 $M_s = D \times GZ$。

大倾角时静稳性力臂计算是比较复杂的,所谓的大倾角计算。对于确定吃水 d 和重心高度 Z_G 时,通过大倾角计算出不同倾角 θ 的静稳性力臂 GZ 值,并可绘出对应于横坐标为倾角 θ 的竖坐标为静稳性力臂 GZ 的曲线(见图 2‑9),这就是静稳性曲线。

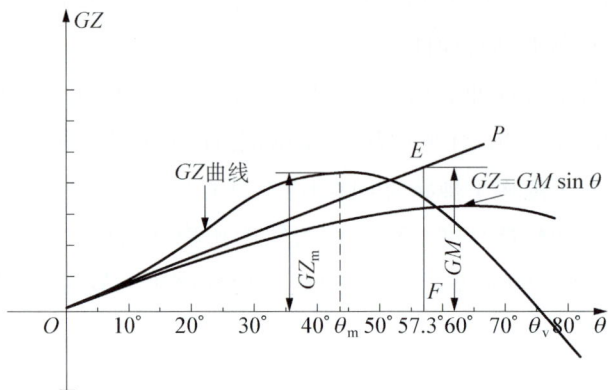

图 2‑9　静稳性曲线

船舶每有一个吃水 d 和重心高度 Z_G,就有一条对应的静稳性曲线。因为 $M_s = D \times GZ$,当吃水 d 一定时,排水量 D 也对应为常量,所以静稳性力臂 GZ 的曲线也就表征了稳性力矩 M_s 的曲线。对静稳性曲线图的讨论:

第一,静稳性力臂 GZ 曲线在倾角为 0°处的切线 OP,在横坐标 $\theta = 57.3$°(即 1 弧度)处的竖坐标 $EF = GM$。

第二,小倾角时,$GZ = GM \times \sin \theta$。

第三,GZ 的最大值用符号 GZ_m 表示,其所对应的倾角用符号 θ_m 表示,θ_m 之前的 GZ 值随着横倾角 θ 的增大而增大;当横倾角 θ 超过 θ_m 时,GZ 值随着横倾角 θ 的增大反而减小,直到 $\theta = \theta_v$ 时,$GZ = 0$。称 GZ_m 为最大静稳性力臂;θ_m 为最大静稳性力臂对应横倾角;θ_v 为稳性消失角。

第四,GM、GZ_m、θ_m 和 θ_v 是反映静稳性曲线的形状、数值大小的重要参数,与船舶稳性的意义重大。

2.2.3　稳性衡准

所谓稳性衡准是指衡量船舶稳性是否足够的标准,在船舶稳性规范中有详细的规定。除了对静稳性曲线的形状、数值大小的规定外,还对船舶在静倾力矩作用下的静稳性和动倾力矩作用下的动稳性提出要求。

（1）静态横倾力矩与静稳性。

船舶在横倾力矩作用下，假设船舶在倾斜过程中不会产生角加速度，则该横倾力矩称为静态横倾力矩。船舶的稳性力矩 M_s 曲线，如图 2-10 所示，作用在船上的静态横倾力矩为 M_h，当船舶倾斜达到船舶横倾角为 θ_s 处时，因为此时的 $M_s=M_h$，所以船舶在倾角 θ_s 时就处于静平衡状态，横倾角 θ_s 称为静倾角。

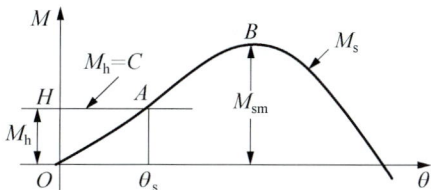

图 2-10　静平衡

设船舶的最大静稳性力矩为 M_{sm}，则船舶在静态横倾力矩 M_h 作用下，满足静稳性的条件为 $M_h \leqslant M_{sm}$，可见，最大静稳性力矩为 M_{sm} 的大小是衡量船舶静稳性的重要标志，它是表示船舶抵抗静态横倾力矩作用的最大能力。

（2）动倾力矩与动稳性。

当船舶在动态横倾力矩 M_h 作用时，如图 2-11 所示，因为船舶带有一定的角加速度倾斜，所以当倾斜至 $M_s=M_h$ 时，由于倾斜惯性的作用，船舶不会停止而将继续倾斜，直至动态横倾力矩对船舶所做的功 W_h 被稳性力矩所做的功 W_s 全部抵消掉后，就不再继续倾斜，因此，满足动稳性的条件为 $W_h=W_s$。

当 $W_h=W_s$ 时的横倾角 θ_d 称为动倾角，在同样大小的横倾力矩作用下，动倾角 θ_d 要比静倾角 θ_s 大得多。

W_h 和 W_s 的数值大小在图上分别以 $OE\theta_d$ 和 $OHF\theta_d$ 的面积表示，各自减去公共部分面积 $OAF\theta_d$，则在 θ_d 的动平衡条件就是面积 $OHA=$ 面积 AEF，图 2-11 中用斜影线示出。

（3）最小倾覆力矩与稳性基本衡准。

图 2-12 表明，当横倾力矩增大到面积 $OHA=$ 面积 AEP 时，对应的动倾角为最大动倾角 θ_{dm}，一旦超过船舶就不会保持动平衡而将倾覆，它是极限动倾力矩，图 2-12 中显示 $M_h=M_q=OH$，是船舶倾覆的最小动态横倾力矩，称为最小倾覆力矩，用符号 M_q 表示。

最小倾覆力矩 M_q 的大小是表示船舶抵抗动态横倾力矩的能力。船舶在动态横倾力矩作用下的稳性应满足的条件为 $M_h \leqslant M_q$。

由于动态横倾力矩 M_h 主要是船舶在航区上遭受到突击风力的作用而引起的横倾力矩，称为风压倾侧力矩，用符号 M_f 表示，因此中国船舶稳性规范规定

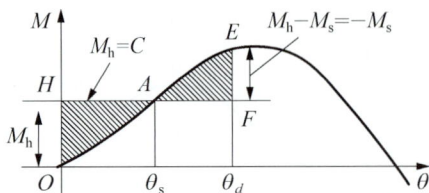

图 2-11 动平衡

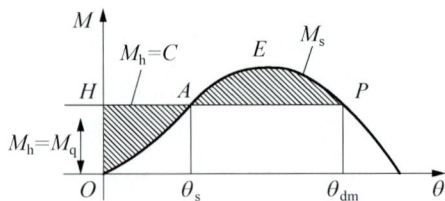

图 2-12 最小倾覆力矩

船舶在各种装载情况下的稳性必须满足不等式：

$$K \geqslant 1$$

$$K = M_q / M_f$$

式中：K 为稳性基本衡准数，当然，K 值越大说明稳性越富裕。

风压倾侧力矩 M_f 按下式计算：

$$M_f = p \times A_f \times Z_f$$

式中：p——单位计算风压，帕（Pa）；

A_f——船舶受风面积，平方米（m²）；

Z_f——计算风压力臂，米（m）。

在稳性规范中，还考虑到海浪上船的横摇角对最小倾覆力矩 M_q 的影响，在此不再另述。

2.2.4 改善稳性的途径

改善稳性的途径无非就是提高船舶的复原力矩和降低受到的倾覆力矩这两个方面。

1）提高船舶的复原力矩

提高船舶的复原力矩的途径是改善船舶静稳性曲线的形状和大小，而影响静稳性曲线的因素是船体本身的形状与大小和船舶的吃水与重心位置。

（1）船体几何形状的影响。

若两条船，仅仅是船宽 B 不相同，设 $B_甲 > B_乙$，则增大船宽前后的静稳性曲线，如图 2-13 所示，船宽的增大使得稳心 M 距基线的高度 Z_M 提高，从而提高初稳性高度 GM。因为船宽的增大还使得 GZ_m 增大，但 θ_m 和 θ_v 都有减小，所以对大倾角稳性并不一定好。

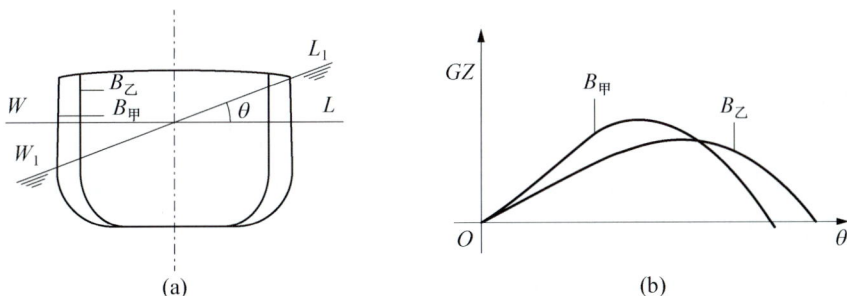

图 2-13 船宽对稳性的影响

若两条船,仅仅是干舷 F 不相同,设 $F_甲 > F_乙$,则增大干舷前后的静稳性曲线,如图 2-14 所示,干舷的增大使得 $GZ_甲 > GZ_乙$、$GZ_{m甲} > GZ_{m乙}$、$\theta_{m甲} > \theta_{m乙}$ 和 $\theta_{v甲} > \theta_{v乙}$,但初稳性高度不变,$GM_甲 = GM_乙$。所以,干舷越大,大角稳性越好。

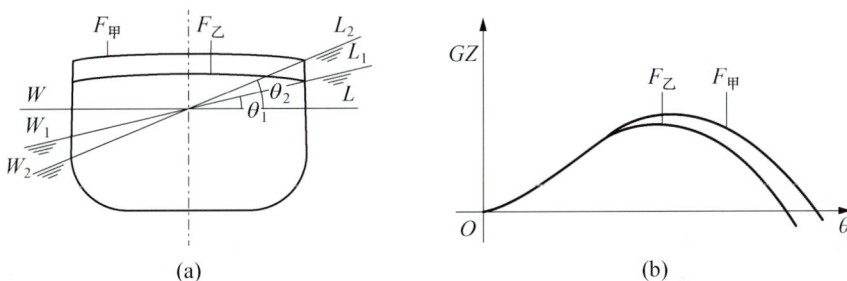

图 2-14 干舷对稳性的影响

（2）船舶重心高度的影响。

当吃水保持不变时,因稳性 M 的位置也不变,则船舶重心的提高使得初稳性高度减小,导致稳性降低。船舶的装载将直接影响到船舶的重心高度。

总之,

a. 当 d 不变,增大 D,随 D/d 增大,即干舷 F 增加,提高了船舶大角稳性。

b. d 不变,增大 B,随 B/d 增大,船舶初稳性增强。

c. 增大水线面系数 C_w,其原理与吃水不变、增大型宽相同。

d. 横剖面形状在设计水线以上采用外飘,它可增加船体的储备浮力,增强船舶的抗倾覆能力,提高船舶的动稳性。但是,它会使船舶的甲板浸水角稍变小。

e. 增大非水密开口浸水角,通常用缩小开口的宽度和适当增加门槛高度等

2

船舶静力性能

方法来达到。

　　f. 对营运的船舶降低重心高度 KG（即 Z_G）是最为有效的措施。

2）降低受到的倾覆力矩

　　船舶会受到的各种各样的倾覆力矩，应有针对性地采用提高稳性的措施，如

　　（1）减小受风面积是降低横向风压倾覆力矩最常用的措施，因此，遇到大风时应避免横向受风并及时降帆。

　　（2）遇到大浪时采取顶浪航行避免遭受横浪，可减小波浪对横倾的影响。

　　（3）货物的横向移动必对船舶增加了一个重物横移产生的横倾力矩，因此，装载货物必须有效地固定。

　　（4）对于未装满油、水等液体的舱柜，当船舶横倾时，被称为自由液面的舱柜内液面会随着船舶的倾斜而移动，使液体的重心向倾斜一侧移动，相当于船内有一重物横向移动，这会对船舶稳性产生不利影响。通常采取设置纵向舱壁将液舱分隔，以减小自由液面对稳性的不利影响。

　　（5）航行船舶减速回转可以减小回航倾覆力矩。

　　（6）客船尽量避免产生过大的旅客集中一舷倾覆力矩。

　　另外，设置舭龙骨以增加横摇阻尼，可有效地减小船舶在波浪上的横摇角。

2.3　抗沉性

　　船舶航行过程中偶尔会因为某种海损事故使得船体破损舱室浸水，以致发生船舶浮态改变，稳性下降，严重时会导致船舶的沉没。船舶抗沉性是指船舶破损浸水后仍能保持船舶一定的浮态和稳性的能力。

　　船体破损对船的危害很大，船舶的抗沉性主要是靠有足够的储备浮力和水密分舱来保证的。水密分舱可以使船在一部分舱室破损进水时，仍能在水面上航行。

　　水密舱壁的设置使船分隔成多个水密舱室，水密舱壁技术的运用使得即使船舶的某一船舱因触礁或是受到外力导致船壳被破损进水，也不会殃及其他船舱而导致整个船沉没，这无疑加强了船只的抵抗沉没的能力，即提高了船舶的抗沉性（见图 2-15）。

　　船体被分隔成较多的水密舱室，即使是某舱室发生破损后浸水，也仅是局部浸水，浸水量不会很大，对船舶的浮态和稳性的影响也不会很大，不至于造成较

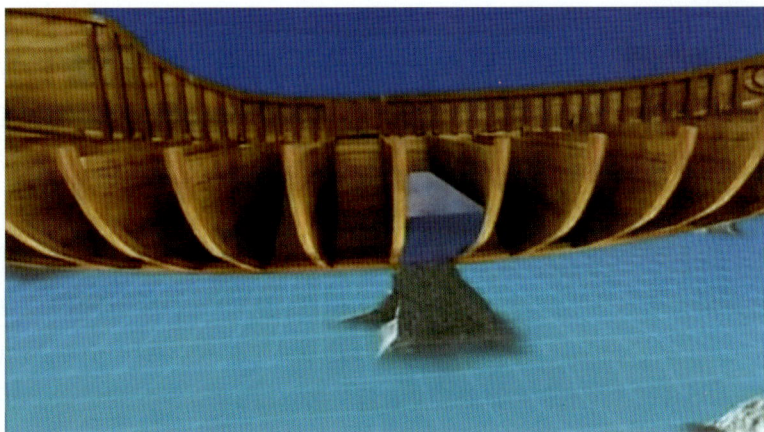

图 2-15　船壳破损进水示意图

大的危险。所以,增设水密舱壁是提高抗沉性的最重要的措施。水密舱壁有横舱壁、纵舱壁和水平舱壁,它们所分隔成的水密舱室,由于其大小、位置的不同,因此舱室浸水后对船舶的浮态和稳性造成的影响也是不同的。很明显的是,大干舷表明船舶具有较大的储备浮力,具有较大的抵抗破舱浸水不利影响的能力。

水密分舱的分隔壁必须确保它的水密性,木船水密隔舱壁自身和与船体连接都经捻缝工艺来保证的。

中国古船中的水密舱壁结构始见于唐代,它被江苏如皋县出土的一艘唐代木船所证实,该船船身自首及尾共分为 9 个舱,全船有 8 个舱壁支撑的船底、船舷和甲板,该船的船舱及底部均以铁钉钉成人字缝,其中填石灰、桐油,严密坚固,表明它的舱壁是水密舱壁无疑。它是迄今为止出土古船中最早见到舱壁结构的沉船,是见到的最早的舱壁实物证据。该木船的平面和纵断面如图 2-16 所示。

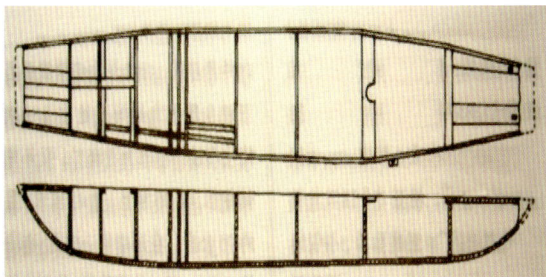

图 2-16　江苏如皋发现的唐代木船

中国唐代出现的水密舱壁结构在抗沉性上具有创造性的贡献。

唐朝及以后宋、元、明各朝代的出土沉船都设有水密舱壁，这是中国发明创造水密舱壁的最有力实物凭证。例如，1974 年在泉州湾出土的宋代海船的水密舱壁非常明显，船内有 12 道隔壁将船分成 13 舱（包括船首尖舱）。各舱都有水密设施，所有的隔舱板都上下榫连，填塞艌料。

马可·波罗（Marco Polo，1254—1324 年）在《马可·波罗行记》写道："若干最大船舶有最大舱十三所，以厚板隔之，其用在防海险，如船身触礁或触饿鲸而海水透入之事，其事常见，……至是水由破处浸入，流入船舶。水手发现船身破处，立将浸水舱中之货物徙于邻舱，盖诸舱之壁嵌甚坚，水不能透。然后修理破处，复将徙出货物运回舱中"。

中国木帆船水密舱壁结构有效的抗沉性，大大地提高了船舶的安全性。中国创造的水密舱壁技术是中国造船技术的重大发明之一。中国发明和广泛使用已经上千年的水密舱壁技术，直到 18 世纪末 19 世纪初才被欧洲所认识和仿效。

中国木帆船

3 船舶动力性能

船舶动力性能包括船舶快速性、操纵性和耐波性。

3.1 快速性

船舶快速性是指船舶在一定的推力作用下在静水中直线航行速度的性能。船舶在航行时会发生阻挡它前行的外力——船舶阻力。为确保船舶能以预定速度持续航行,根据力的平衡条件,船舶必须具有一个使船舶前行的推动力——船舶推力,其大小与船舶阻力相等,方向与船舶阻力相反,所以,船舶的快速性包括船舶阻力和船舶推力两部分。

3.1.1 船舶阻力

航行船舶的阻力构成如图3-1所示。

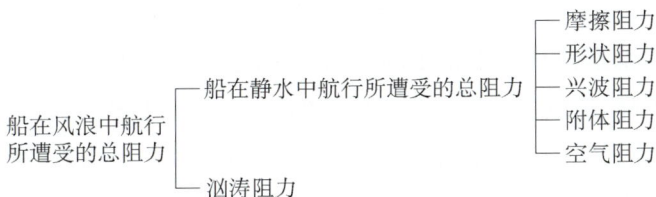

图3-1 船舶阻力构成

1)摩擦阻力

水是黏性流体,当船在静水中航行时,在浸水船体的周围附有薄薄一层水,随船向前流动。图3-2给出了此薄层的大致范围,外边的一条曲线为薄层的边界,人们常称该薄层为边界层。在边界层边界以外,水是静止不动的。不同位置

处的边界层厚度 δ 是不同的。

在边界层内，由于流体有黏性及流体质点之间有相对运动，使得流体内产生切应力制止船前进，它属于船的阻力——摩擦阻力。

简单地说，摩擦阻力是边界层内黏性流体在其质点之间相对运动时所产生的阻力。影响摩擦阻力的船型因素主要是船长和船体浸水面积。

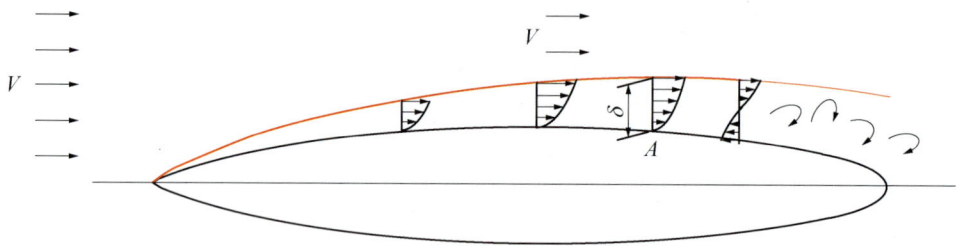

图 3-2　船体边界层示意图

2）形状阻力

在边界层内，水沿纵向由前向后流动时，其速度是变化的，在船首端点处为零，往后逐渐增大，到达船的最大剖面处为最大值，此后，又逐渐下降。这样的速度变化将边界层划分成两个区域，一个是最大剖面之前的增速区，另一个是最大剖面之后的减速区，或者说，前部是减压区，后部是增压区。当水质点经过最大剖面进入后部增压区时，一直受黏性影响，速度已经降低的水质点，又要遭受到后部压力大于前部压力的压力差阻挡，速度迅速下降，在到达船体尾部之前某一点处，就不能继续流动，速度降为零。过了该点之后，在压力差作用下使流体往回流，并迫使边界层向外移，产生"界层分离"，该点为界层分离点。出现"界层分离"后，在船后部形成许多不稳定的漩涡，随着水流一起冲向后方。漩涡的产生使尾部压力下降，造成首端压力高于尾端的压力，便产生船的阻力。

因为，船体后端形状的收缩快慢与所产生的阻力大小相关，例如，船体后端形状的收缩愈缓和，"界层分离"点则愈向后，"界层分离"区域愈小，产生的漩涡愈弱，尾部压力降低愈少，产生的阻力愈小，因此将这种边界层内黏性流体在船体表面曲度突变处水流压力骤降而导致船体表面压力分布状况改变所产生的阻力称为形状阻力，又称为漩涡阻力。

形状阻力与长宽比、去流段形状、尾部水流离开设计水线的夹角——去流角等船型因素有着密切的关系，如图 3-3 所示，位于船体中部且沿其纵向各点的设计水线以下横剖面面积完全相同的船体段称为平行中体,在其后的船体段称为去流段,其前的船体段称为进流段。

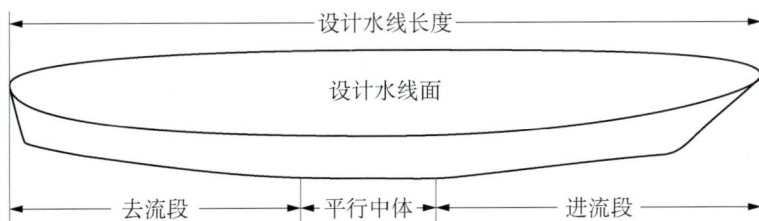

图3-3 设计水线面以下船体图

3)兴波阻力

船在静水中运动时,引起船周围压力的变化,首尾两端处变为高压力区,最大横剖面处变为低压力区,前部变为压力由船首向船中逐渐减弱的减压区,后部变为压力由船中向船尾逐渐增强的增压区,使船周围的水质点按压力的变化规律进行上下运动,形成波浪,如图3-4所示。

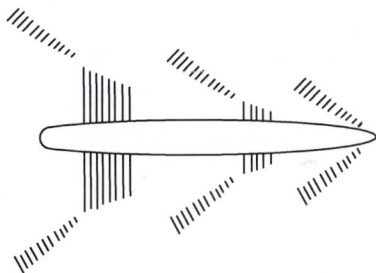

图3-4 船行波浪示意图

兴波阻力是船舶航行时,船体表面压力的变化引起波浪所消耗的能量。兴波阻力受船型影响的因素主要是棱形系数、平行中体长度、前后体长度、前方来流进入设计水线的夹角——进流角。

4)附体阻力

由上述可知,摩擦阻力、形状阻力和兴波阻力都是船体裸体在运动中所产生的阻力,因此,造船界将摩擦阻力、形状阻力和兴波阻力三者合在一起的阻力称为船体裸体阻力。

这里提到的船体裸体系指未安装附属体船体的水线以下裸体船。

航行船舶都装上了附属体,如舵、舭龙骨、人字架或轴包架等,当然,对非机动的木帆船而言,就不存在人字架或轴包架等附体了,但是披水板、插板等也是附属体,同样存在附体阻力。

5)空气阻力

一般说来,民用船舶的上层建筑比较发达,客船的上层建筑尤为丰满,因此,船航行时,船体水线以上部分在空气中运动必将产生空气阻力,它与上层建筑的形状和大小等有关。无风时,由于船体本身运动而产生的空气阻力是很小的,大约为船体裸体阻力的 $2\%\sim4\%$。

6)汹涛阻力

船在风浪中航行,必然发生颠簸运动。汹涛阻力是船在风浪中摇摆、上浪及受波浪打击等引起的能量损失。它与船体的尺度、型线、重量分布、抵抗摇摆性能等有关。

汹涛阻力不小,约为静水航行时总阻力的 $15\%\sim30\%$。

至于船舶阻力与船型的相关性,应该注意到:

(1)讨论船舶航速的大小时应用速长比(即相对值 $v/\sqrt{L}$)表示,

其中:v——船舶速度,节(kn)。1节 = 1海里/每小时,1海里 = 1.852公里。

L——船舶设计水线长度,米(m)。速长比越大表示船舶速度越高。

(2)形状阻力和兴波阻力合称为剩余阻力,它占总阻力的比重随航速的提高而急剧地提高,所以高速船的形状阻力和兴波阻力是主要的,摩擦阻力是次要的,反之,低速船的摩擦阻力是主要的,如图3-5所示,横坐标为速长比 $v/\sqrt{L}$,竖坐标为单位排水量的总阻力 R/Δ。在低速船中摩擦阻力占船体阻力的 80% 以上,而高速船中摩擦阻力占船体阻力的 60% 左右,甚至更低一些。中国木帆船的航速基本上属于低中速,所以不需要过度地从船型上来追求航速的提高。

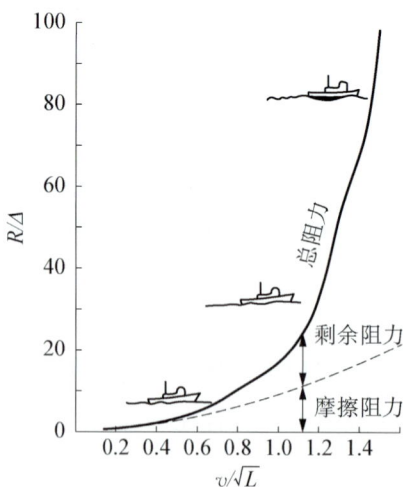

图3-5 排水型船典型阻力特性曲线图

(3)在不同船型的船舶之间,船舶速度越高,C_b 值越小,L/B 值越大;L/B 变动对不同速度船舶的影响是不一样的,高速船受到的影响远大于低中速船,速度越高的船受到的影响越大。

3.1.2 木帆船推进

木帆船的推进力有利用风力推进和人力推进,人力推进有拉纤(见图3-6)、撑篙(见图3-7)、划桨(见图3-8)、摇橹(见图3-9)等;风力推进就是使用风力驶帆(见图3-10)。海上的海流和江河的水流也是被利用的船舶推进力。

图3-6 拉纤

图3-7 撑篙

图3-8 划桨

图3-9 摇橹

图3-10 驶风帆

它们的推进机理非常特殊，与近代机械动力的推进是完全不同的，对此，本书将对纤、篙、桨、橹和风帆等木帆船的推进工具另章阐述。

3.2　操纵性

船舶操纵性是指船舶能保持或改变航向、航速、位置的性能。船舶操纵性包括航向稳定性、船舶回转性和转首性。

3.2.1　船舶航向稳定性

航向稳定性是指船舶保持直线航行的性能。如船舶在外力干扰下不易改变原直线航向，或在外力干扰下偏离原直线航向，但通过不断的操舵就能很快回到原来航向的性能。

船舶在水面做直线航行时，当将舵转动到一定角度并保持不变，则船舶必将逐渐开始做回转运动。

舵对船舶回转运动的作用，如图 3‑11 所示，由于舵角 δ 的存在，则舵叶作为机翼，其上将受到流体的作用力 P，此作用力可以分解为与船舶中线面的横向分量 P_y 和与中线面平行的纵向分量 P_x。由于纵向分量 P_x 的作用，增加了船舶前进的阻力，从而降低船舶的前进速度。而横向分量 P_y 的作用，一方面使船舶产生横向移动，另一方面将构成对重心点 G 的旋转力矩 $P_y l$，此力矩常称为转船力矩。船舶在转船力矩的作用下，将逐渐出现回转运动。

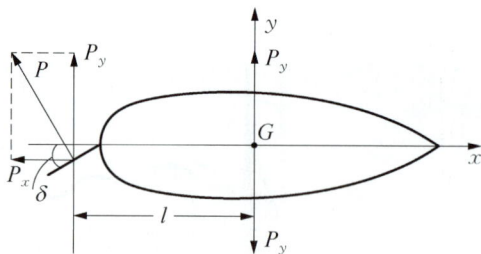

图 3‑11　转舵时使船回转的原理图

3.2.2　船舶回转性

船舶回转性是指船舶应舵绕瞬时回转中心做圆弧运动的性能。回转性分初始回转性，即船舶转舵后初期反应能力的转首性；大角度回转性，即转舵后船舶大角度改变航向，做近于 360°圆周运动的性能。

转舵后船能很快地进入新的航向，或船偏离航向经操舵后很快地回到原来的航向，则认为转首性好；大角度回转性通常用旋回直径的大小表示回转性能的好坏，旋回直径越小，回转性能越好。转首性好的船不一定旋回直径小。所以，转首性和回转性两者是有区别的。从船舶操纵性的观点来看，要求船舶既要转首快，又要旋回直径小。

船舶航向稳定性与船舶回转性两者是相斥的，船舶航向稳定性较好的船，其船舶回转性较差，船舶回转性好的船，其航向稳定性较差。例如，长距离航行的远洋运输船对航向稳定性的要求较高，而其掉头转弯能力较差；需要经常进出港口，在船舶众多且拥挤的港口和在狭窄水道航行的船舶，也就是要经常转向的船舶，要求其回转性特别好，而航向稳定性可以差些。

3.2.3 影响船舶操纵性能的因素

第一，船体形状和大小对船舶操纵性能的好坏有着重要的影响。如，船舶的长宽比 L/B 越大和方形系数 C_b 越小则航向稳定性越好，而回转性较差。

第二，船的尾倾状态有利于航向稳定性，反之，首倾的航向稳定性就较差。

第三，船舶速度越大，舵效越高，操纵性越好。

第四，船舶水线以上及其上层建筑侧面形状、大小和分布，风力作用中心位置等对船舶操纵性能也有重要影响。

3.2.4 提高操纵性的措施

1）增大舵面积

增大舵面积就是增大舵力，不论对航向稳定性还是船舶回转性都是有利的，但过大的舵面积会使得操舵力增大尤其是人力操舵费力，舵的面积的大小也会受到船尾布置空间的限制。

按照常用方法，舵的面积是根据实船的统计资料选定的。舵的面积统计公式如下：

$$A = \mu \times L \times d$$

式中，A——舵的面积；

L——船长；

d——满载吃水；

μ——舵的面积系数。

舵的面积系数 μ 的大小反映了舵的面积相对于船舶 $L \times d$ 的大小,对操纵性要求高的船舶,舵的面积系数 μ 一般比较大。要求操纵性高的船必定会取较大的舵的面积系数。

2) 提高舵效

(1) 在舵的位置方面。

① 舵安装在船体的末尾位置,以增大舵的转船力臂,从而增大舵的转船力矩。

② 舵的上缘应尽量接近船尾底部,以减少在舵上缘的绕流,从而提高舵效。

③ 若船舵是升降舵时,则当船进入深水域航行时将舵叶面降下,以改善作用在舵面上的水流流态和提高舵的浸水面积使舵效提高。

(2) 在舵的几何形状方面。

舵叶的高度方向的尺度通常称为展,在宽度方向的尺度通常称为舷,平均高度 h 与平均宽度 b 的比值称为舵的展弦比,以 λ 表示,即 $\lambda = h/b$。 根据机翼理论得知,展弦比 λ 大的舵效比 λ 小的高,因此,在舵的面积确定的情况下,只要船尾空间和吃水许可,就应尽量地提高展弦比 λ,这对提高舵效是有利的。

(3) 附加设备。

中国古船使用的披水板、中插板等都有非常有效的抗横向移动的功能。有助于木船的操纵。

3.3 耐波性

船舶耐波性是指船舶在风浪中遭受由于外力扰动所产生的各种摇荡运动以及砰击、上浪、失速、波浪弯矩等后,仍能维持一定航速在水面上安全航行的性能。

3.3.1 摇荡的表现

船在海上航行遭受到风浪时会发生颠簸。颠簸是一种"连转带移"的综合性摇摆运动,其中,"转"指船体绕着船舶重心 G 点的转动(见图 3-12),若借助通过 G 点的直角坐标 $GXYZ$,则可把这种转动分解成绕着直角坐标 $GXYZ$ 三根主轴的角变运动;"移"指船舶重心 G 点沿着三维空间直角坐标 $oxyz$ 三根主轴的移动。换句话说,船在风浪中颠簸是由三种转动和三种移动叠加在一起的综合性摇荡运动。下面,列出上述的三种角变运动和三种移动的含义与图示。

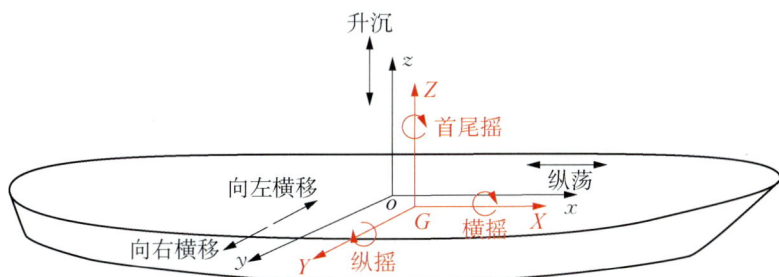

图 3 - 12　直角坐标图

1)三种角变运动

第一种,横摇——船体绕着直角坐标 $GXYZ$ 的 GX 轴角变运动;

第二种,纵摇——船体绕着直角坐标 $GXYZ$ 的 GY 轴角变运动;

第三种,首尾摇——船体绕着直角坐标 $GXYZ$ 的 GZ 轴角变运动。

2)三种移动

第一种,横荡(横摇)——船舶重心 G 沿着直角坐标 $oxyz$ 的 oy 轴左右移动;

第二种,纵荡(纵摇)——船舶重心 G 沿着直角坐标 $oxyz$ 的 ox 轴前后移动;

第三种,垂荡(升沉)——船舶重心 G 沿着直角坐标 $oxyz$ 的 oz 轴上下移动。

这六种运动可归纳列于表 3 - 1。

表 3 - 1　船舶运动

坐标轴	沿坐标轴的往复平移运动	绕坐标轴的往复转动
X 轴	纵荡(前后平移)	横摇
Y 轴	横荡(左右平移)	纵摇
Z 轴	垂荡(上下平移)	首尾摇

在上列六种运动中,横摇、纵摇和垂荡(升沉)这三种运动的危害性最大,以下概括地介绍这三种运动的危害性。

3.3.2　摇摆的危害

1）横摇的危害

横摇的发生有两种情况，一种情况是在静水中，船在外力矩作用下发生横倾，在外力矩消失时，船则在复原力矩与惯性作用下产生横摇，这种横摇称为船舶自由横摇，船舶完成一次完整的自由横摇所间隔的时间称为船舶的自摇周期；另一种情况是在波浪中，船在周期性的波浪扰动力矩作用下产生波浪上横摇，波浪也有它的周期性，称为波浪周期。

船航行在风浪中，上述两种横摇共存着，而且，在船舶自摇周期接近于波浪周期情况下，船舶会产生共振，或称谐摇。在无阻尼时，谐摇振幅随时间的延长会无限地增大；但在存在着水阻尼的海洋中，谐摇振幅是一个有限值，仅在自摇周期等于 0.7～1.3 波浪周期范围内，会发生较大振幅的谐摇。

船在谐摇时，横摇剧烈，随着振幅变大，船舶动倾角增大，将造成以下的危害：

（1）在大风巨浪下，瞬间的船舶动倾角可达到 $30°\sim40°$，可能引起货物移动、甲板或舱口进水，甚至导致倾覆。

（2）船体遭受附加应力，导致机件损坏，影响船舶安全。

（3）船员操作困难，仪器设备的准确性受到影响。

（4）旅客晕船。

（5）船舶抗风能力降低。

2）纵摇的危害

船在波浪中航行，作用在船上的波峰与波谷沿着船长方向的位置是不断地变化的，且呈周期性，从而导致船的前后浮力不均衡，产生波浪上纵摇。船在静水中也会发生微幅的纵摇，这是由船在静水中航行时所兴起的波浪造成的。与横摇一样，船在风浪中航行时，波浪上纵摇与静水中纵摇两者共同存在，而且，当静水纵摇周期接近于波浪纵摇周期时，会发生纵向谐摇。

激烈的纵摇带来的危害很大，例如：

（1）船首部易上浪，使船首部甲板常浸水，增加上层重量，降低横稳性，损坏船首部结构及属具。

（2）为减少船体损伤，必须人为减速航行。

（3）船员难以操作。

（4）与垂荡共同作用，会引起船底冲击现象，影响船体强度。

（5）纵摇幅度虽小，但其周期较短，旅客仍可能晕船。

3）垂荡（升沉）的危害

由于波浪存在波峰与波谷，船在波浪中航行，发生垂向振荡运动是不可避免的。当船中部处在波峰与波谷两个不同位置时，船舶重心的垂荡幅度达到所对应波浪的最大值。在船长等于波长时发生的垂荡运动最严重。

船舶发生一次最大幅度的垂荡所间隔的时间称为垂荡周期。

垂荡的危害性在于：

（1）船遇大的风浪，必须全速顶浪，以抵抗由于垂荡和纵摇的影响而增加的凶涛阻力。其中，垂荡的影响是主要的，占到90%以上。

（2）易发生船首底部冲击现象，使局部压力较静水时压力大5～6倍，造成船体损伤。

（3）垂荡和横摇的共同影响是造成乘员晕船的根本原因。

3.3.3 改善摇摆的措施

改善摇摆的措施，一般在船型上采取措施和采用附加设施。

1）在船型上采取措施

玩具"不倒翁"是大家都很熟悉的，它的"不倒性"原理是很有启发性的。"不倒翁"有一个特点，它的重心 G 很低，若用手将它按倒，当手一松开时，"不倒翁"马上恢复到平衡位置，并向左右两边剧烈摇晃，它的自摇周期很短。船的摇摆与"不倒翁"类同，只是重心没有"不倒翁"那么低，自摇周期没有那么短（见图3-13）。

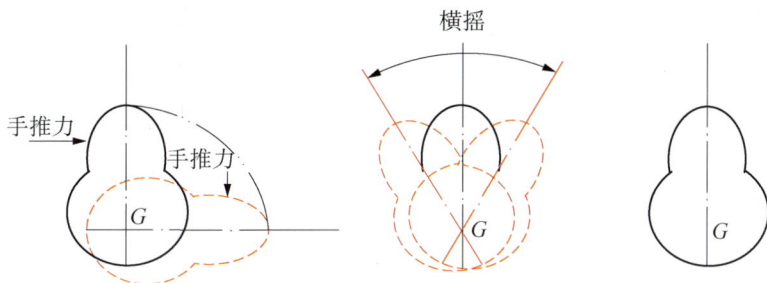

图3-13 "不倒翁"横摇图

"不倒翁"的摇摆告诉了我们，第一，静稳性愈好的船，其横摇愈剧烈，自摇周期愈短,在静稳性与横摇之间存在着矛盾;第二,给了我们一个启示,在船型上,拟采取的改善摇摆的措施必须以满足静稳性的要求为前提。

在这个原则下,在船型上可采取改善摇摆的措施主要有:

(1) 较小的船宽吃水的比值和较小的设计水线面系数能降低船舶复原力度,增大船舶自摇周期,使船舶避开自摇周期等于 0.7~1.3 波浪周期范围内的横摇谐摇区。

(2) 取适当的船长,使船长与波长的比值落在 1.2~1.4 范围内,以减少扰动力矩,避免剧烈纵摇的发生。

(3) 取适当的吃水、采用 V 形船首部横剖面并做适量的外飘,以减少海浪的抨击。

(4) 适当地增加干舷和舷弧,以减少船首部的"上浪"和"溅水"现象;增加首尾端的储备浮力,降低纵摇。

(5) 采用适度的前倾式船首柱,以减少船首端的激浪。

(6) 船尾底部不应过分平坦,以减免拍浪。

2) 采用附加设施

木帆船改善摇摆所采用的附加设施有舭龙骨、中插板等。

舭龙骨又被称为减摇龙骨、防摇龙骨,古称梗水木。

近代钢船的舭龙骨是纵向装置在两舷舭部外面的板条状构件,它与舭板垂直连相,当船舶在风浪里做横摇运动时,它会增加阻尼力矩从而起到减小船在风浪中横摇幅度的作用。

船舶舭龙骨的减摇效果是很显著的,它对改善船舶航海性能、保证航海安全,发挥极其重要的作用。由于这一技术简单、可靠和经济,迄今仍在继续发挥重要作用,现代海船几乎无一例外地设置舭龙骨。

中国早在宋代就出现了舭龙骨,1979 年 4 月在宁波市东门口出土的宁波宋代海船便是例证,该船的舭龙骨是半圆木安置在船的舭部位置,如图 3 - 14(a)、(b)所示。

国外直到在 19 世纪的头 25 年,即在帆船时代才开始使用舭龙骨,而我国最早在北宋(公元 960 年—1127 年)末年就实际应用了减摇龙骨,比国外大约要早七百年。舭龙骨技术是我们祖先对世界航海事业作出的重大贡献之一。

中国的舭龙骨技术的文字记载和图形资料在史籍上也有记载。例如,清代道光六年(公元 1826 年)刊印的《江苏海运全案》中有"沙船底图",图中的梗

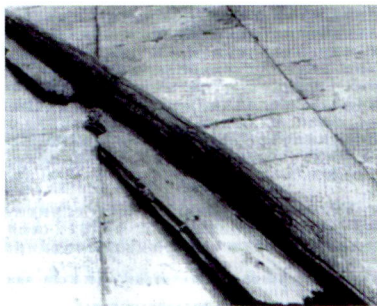

图 3-14(a)　宁波宋船的舭龙骨照片

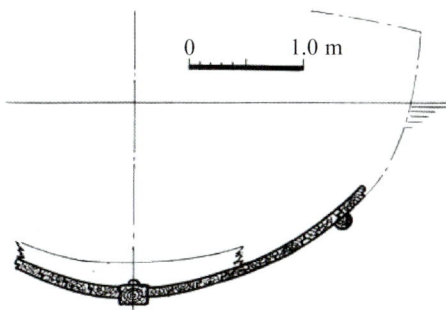

图 3-14(b)　宁波宋船第 6 号肋位的实测图

水木就是减摇龙骨。梗水木是设在船舶底部开始向舷部转弯部位(即舭部)的两条木板(见图 3-15),当船舶在风浪作用下发生横摇时,因梗水木有阻水的作用,从而产生阻尼力矩以减轻摇摆。梗水就是阻水的意思,用梗水木一词既确切又形象。"沙船底图"画得逼真,梗水木梗水作用一目了然,为我国古典图籍中不可多得之作。

中国南方有的木帆船设置插水板,如同舭龙骨能减小船舶横摇,但它的主要作用同披水板一样是抵抗船舶横漂,因其涉及木帆船的操纵工具,故将其编入第 7 章,此不赘述。

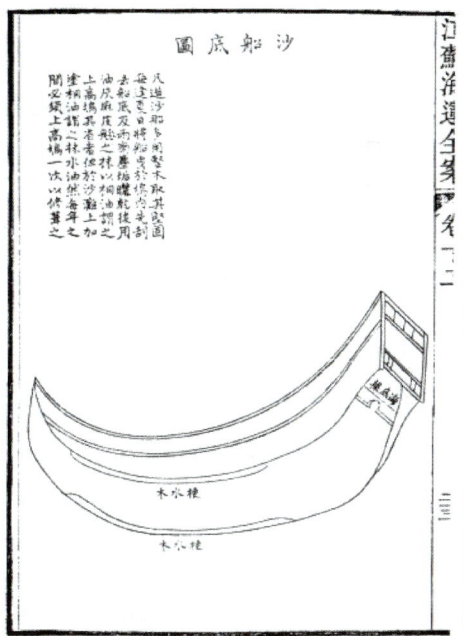

图 3-15　梗水木(采自《江苏海运全案》)

3

船舶动力性能

4 木帆船结构强度

船体结构是空间板架结构，它由船板和骨架连接组合而成。由于船体结构承受各种外力的作用，因此船体结构强度是指船体抵抗各种外力的能力。船体结构的优劣与船体结构强度的大小紧密相关。

4.1 木帆船结构

4.1.1 结构概述

船体是由船壳和骨架组成的空间板架结构，里面的骨架支撑外壳。船壳是水密的，壳板、骨材用钉锔拼合连接，用艌料捻缝，以保证船体强度和水密。

船体结构不仅要承受作用在船舶上的总纵弯曲力矩与剪切力、水压力、波浪冲击力，还要抵御外部的碰撞力及摩擦力。不同部位的板架结构，如船底、船侧、甲板、舱壁、首尾等，有其各自不同的特点。

中国木船的船体结构是由船板和骨架的结合所组成。船侧板是纵向布置的，舱壁板是横向布置的；船底板是纵向分布的；前、后搪浪板（封板）板列通常是横向布置的；甲板板是纵向布置的，有的首尾甲板也有采用横向布置的。肋骨是横向构件，但檩材、压筋都是纵向的。

不同的船种和不同航域的木船结构有所不同，尤其海船与内河船、南方船与北方船会有较大的差异。图 4-1 和图 4-2 分别显示了一种常见河船的木船骨架和船壳。

内河船以出土的"洛阳运河 1 号"实船为例，标注出主要构件如图 4-3 所示。

中国木帆船

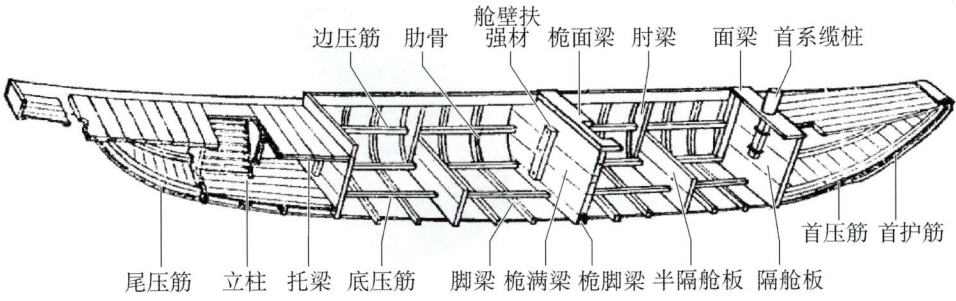

边压筋　肋骨　舱壁扶强材　桅面梁　肘梁　面梁　首系缆桩

尾压筋　立柱　托梁　底压筋　脚梁　桅满梁　桅脚梁　半隔舱板　隔舱板　首压筋　首护筋

图4-1　木船骨架示意图

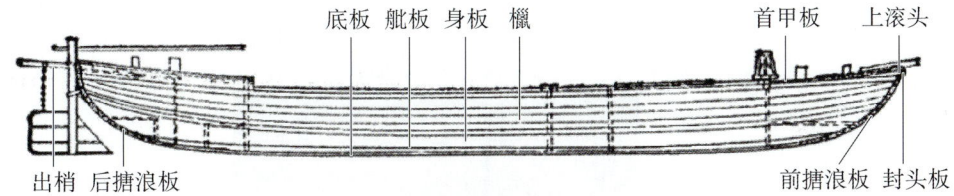

底板　舷板　身板　欚　首甲板　上滚头

出梢　后搪浪板　前搪浪板　封头板

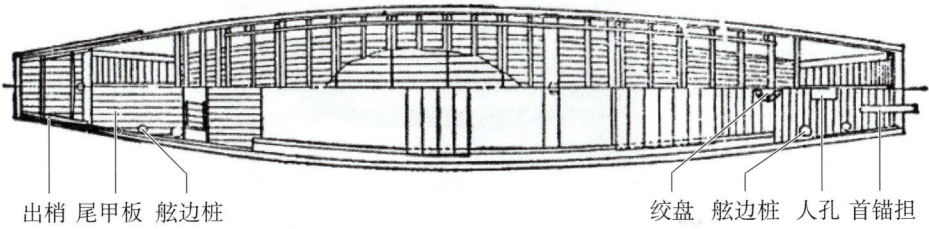

出梢　尾甲板　舷边桩　绞盘　舷边桩　人孔　首锚担

（a）

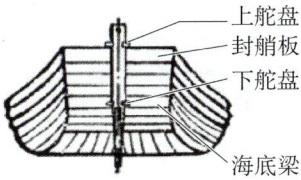

上舵盘
封艄板
下舵盘
海底梁

（b）

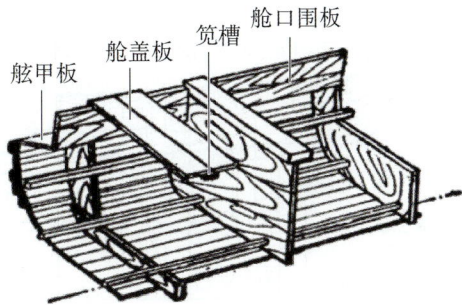

舷甲板　舱盖板　笕槽　舱口围板

图4-2　内河木船结构

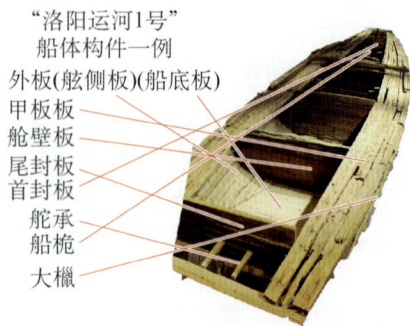

"洛阳运河1号"
船体构件一例
外板(舷侧板)(船底板)
甲板板
舱壁板
尾封板
首封板
舵承
船桅
大橹

图4-3 出土木船"洛阳河运1号"船体结构

以清代海船"宁波船(停泊中)"(见图4-4)为例标出部分主要构件的位置。

舷侧   甲板   船底
舷墙
尾楼
主桅
桅夹

图4-4 清代海船"宁波船(停泊中)"图

海船"丹阳船"的结构如图4-5(a),(b)所示。

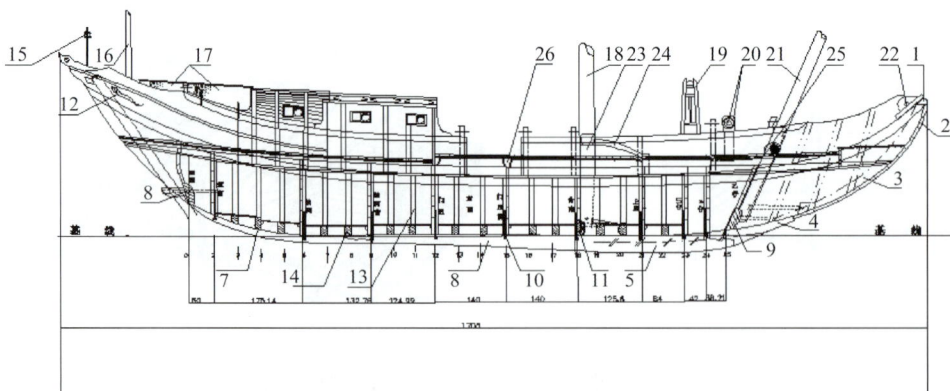

图4-5(a) "丹阳船"结构图

中国木船构件的称谓各地不尽相同，大多是用方言土语的叫法，现代船舶的叫法与史籍记载也不相同，例如，史称舱壁为"梁"、龙骨为"稳"等。图4-5(b)为海船"丹阳船"中的部分构件称谓的地方土语和现代叫法对照表，其编号对应于图4-5(a)、(b)所标。

4.1.2　船底结构

船底由船底板、龙骨和隔舱壁、船底肋骨等构件构成。

1）船底板

船底板又称船底、底壳，由多列纵向板材拼合而成，平底船的船底板古代称为"正底"。船底板接前后封板（搪浪板），船底板首尾略收缩变窄，以一定的外向弧线连接舷板，底板上面与横骨架下缘紧贴相接。船底板保证船壳水密和承受船体自重、装载重量和总纵弯曲。

双层底是某些航海木帆船设置的一种双层底的船底结构，这种双层底结构的船底除底板外，在脚梁（船底肋骨）上面还设有一层水密的内底板，构成双层底。这有利于提高抗沉性和增强整体总纵强度，它还可以替代垫舱板。

垫舱板是在离舱底一定高度的纵向铺设的一层活动木板。货物可置其上，起到防潮的作用，还可保护船底免受损伤。垫舱板本身虽然不属于船体结构构件，但因为垫舱板搁置在船底骨架上，使得载货压力均匀分布，有利于船体的保护。

2）船底肋骨

船底肋骨又称脚梁，是沿着船宽方向紧贴船底板上缘的骨材。船底肋骨左右两端与肋骨下端连接，其作为骨架的底层基础，作用是保证船底横向强度和局部强度。

3）龙骨

龙骨是指船底板中纵位的纵向厚材，对总纵强度意义重大。内河船龙骨通常用半圆木；海船有的在船底中纵线设一道方龙骨突出船底。海上木船的龙骨

丹阳船构件（古今称谓）		
	地方土语	现代叫法
1	斗头	斗盖
2	托浪板	艏封板
3	龙秋	艏柱
4	豆金	
5	头稳	前龙骨
6	中稳	龙中骨
7	艉稳	艉龙骨
8	艉梁坐	
9	一仔	
10	稳吊	龙骨吊
11	合南坐	桅杆坐
12	海泥秋	
13	牛头	肋骨
14	倭樑	底部肋骨
15	艉灯	锚灯
16	艉橇	
17	竹篷	
18	中橇	桅杆
19	帆架柱	
20	车耳	车滚
21	头橇	桅杆
22	矗止杠	
23	夹耳	肋耳
24	橇門	
25	龙目	眼睛
26	甲挑	甲板挑

图4-5(b)　"丹阳船"中部分构件称谓表

通常由三段连接而成,即中间的主龙骨,与其前后端的首龙骨和尾龙骨分别连接,图4-6所示的出土的蓬莱古船龙骨就是三段龙骨的实例。

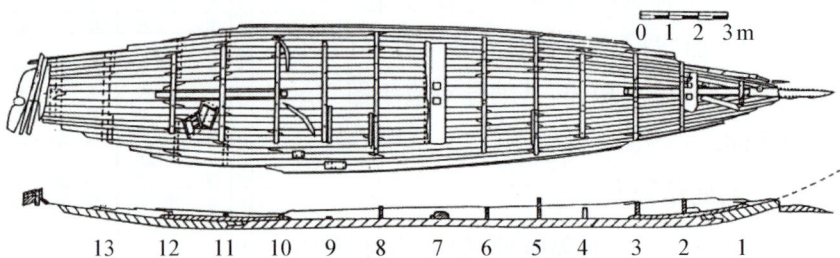

图4-6 蓬莱古船的龙骨连接图

龙骨前端通常与尖形船首或"T"形船首的首柱相连接,例如韩国新安沉船的龙骨(见图4-7);也有与方形船首的前封板(又称前搪浪板、前鳌板、关头板)连接。

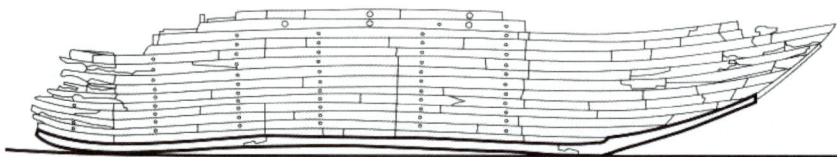

图4-7 韩国新安沉船三段龙骨的连接

有的龙骨呈上拱弯曲,当前学界对拱弯龙骨的作用尚未取得共识。

有些地方造船会在龙骨与船首柱结合处嵌置具有吉祥平安寓意的钱币、明镜等物,例如,泉州出土的宋代海船在龙骨接头处凿有"保寿孔",其中放铜镜、铜钱,排列形式如"七星伴月"状(见图4-8)。

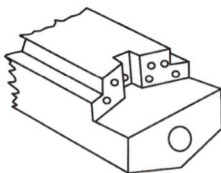

图4-8 泉州宋代海船龙骨接头处的"保寿孔"

4.1.3 横框架结构

1)舱壁

舱壁通常指横舱壁,又称满梁、隔舱壁,由多块厚板拼合的横向竖壁构成,一般是水密的,水密的称为水密舱壁,大型木船也有设置纵舱壁的。横舱壁的作用在于保证船体横向强度和刚度、分隔舱室、提高抗沉性以及支承面梁等。

舱壁板上面有一块横向厚板梁，称为面梁（又称梁头）。两端抵舷边与口檐紧固，是舱面横向强度的重要构件。舱壁板下抵船底板或脚梁（底肋骨）上承面梁，左右与两舷内壁连接。舱壁使船底、舷侧、甲板和甲板纵桁、舱口纵桁形成一个整体，增加了船体的刚度和强度。

桅舱后的隔舱板称为桅满梁，它下抵底板或桅脚梁，上承桅面梁，承受主桅的压力，它比一般隔舱板厚，拼合强度也要求高。

舱壁有水密和非水密两种，水密舱壁有利于抗沉，为此隔舱板板缝以及其与船壳板里侧的连接缝处都须经捻缝以确保舱室分隔的水密性。

沿着船宽方向紧贴船底板上缘的断面呈矩形的骨材是脚梁，它左右两端与肋骨的下端连接，而桅脚梁是桅舱底部支承桅底座的前后两根强力脚梁，它除了具有脚梁的作用外，主要承受桅底座传递来的全部压力。

舱壁和底肋骨靠底板处开有流水孔，以便舱里污水流入积水舱，需保证舱壁水密时，可将孔眼堵塞。

2）不完整舱壁

为强度需要而增设的舱壁，往往使得货舱隔舱间距过小，不利货物装卸，这是隔舱壁的缺点。为舱间交通和货物装卸的方便，有的船设置一种不完整舱壁，例如、边舱壁、半舱壁以及舱壁开凹口等。不完整舱壁是相对于完整舱壁而言的，完整舱壁即满实舱壁。

边舱壁，古称肘梁、帮肋。某些较大木船的货舱内设有与肋骨相靠连的横向竖板，通常每隔二三档肋骨设置一块，左右对称，宽度不超过舱口垂线。边舱壁有利于舱内通行，便于装卸货物。

半舱壁，又称半梁，它是木船货舱内的横向矮壁，它下抵底板或脚梁，左右连接肋骨，高度为隔舱板的1/3～1/2，顶端一般呈水平，也有的中间呈下凹，俗称"元宝梁"。半舱壁既能适当地加强船体横向强度，又不大妨碍货物的装卸。

为便于倒桅或人员通达的需要，有的舱壁开有凹形开口，梁山古沉船就有舱壁开凹形开口的（见图4-9）。

图4-9　梁山古沉船开有凹形开口的舱壁

3) 肋骨

肋骨俗称拐子,是木船两舷内壁的竖立骨材。它是左右对称设置的,上抵甲板,下接船底肋骨或肋板(木船古称脚梁)两端。肋骨外缘与两舷侧板内侧紧密贴合,肋骨的弯曲弧度必须与该处的舷侧形状相应。肋骨加强了两舷壳板的整体性,保证了船体横向强度,并起到了支撑甲板的作用。

4) 舱壁周边肋骨

舱壁周边肋骨又称抱梁肋骨,是沿着舱壁板与船壳板交接线设置的构件,它与舱壁和船壳板紧密钉连。在舱壁与船底、舭部、船侧接合处的靠船中侧或两侧设置全周或局部的舱壁周边肋骨,用作固定舱壁,以阻止舱壁可能的位移发生(见图4-10)。

图 4 - 10 出土沉船上的舱壁肋骨

按舱壁边肋骨设置部位的不同,可分为全周设置的舱壁周边肋骨和舱壁边缘局部位置设置的非全周的边肋骨,例如,在舭部的舱壁舭边肋骨和在船底的舱壁底边肋骨。不同部位的边肋骨的补强范围和部位有所不同,例如,出土的古船蓬莱一号船设舱壁舭边肋骨;蓬莱二号船设有舱壁底边肋骨;泉州船和新安船设置的是舱壁周边肋骨;而象山船舱壁两侧都设置舱壁周边肋骨。

5) 舷侧结构

舷侧结构由船侧板和船侧骨架构成。船侧板包括舭板、舷侧板和檐材、舷墙板等;船侧骨架包括舱壁、肋骨和护舷材等。

(1) 舷侧板。

舷侧板是在船的两舷侧,由若干块纵向板料拼合而成的壳板。舷侧板又称身板、帮板、膀板,它上连甲板,下接舭板,内侧与舱壁或肋骨紧固连接。

舷侧板从上而下,若两舷侧设有檐构件,则舭板以上、檐以下的称为舷侧板,有的在橄以上还有舷侧板，则称为上舷板；若两舷侧没有橄构件，则在舭板以上到舷边的都称为舷侧板（见图4-11(a)，(b)）。

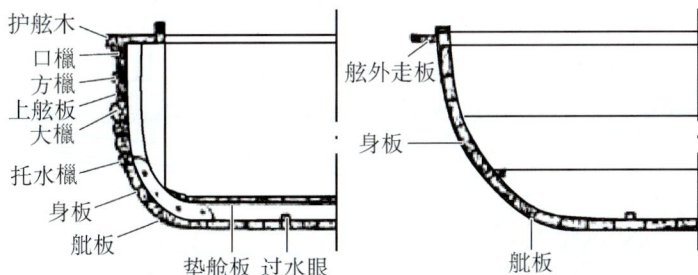

图4-11(a)　内河船舷侧结构

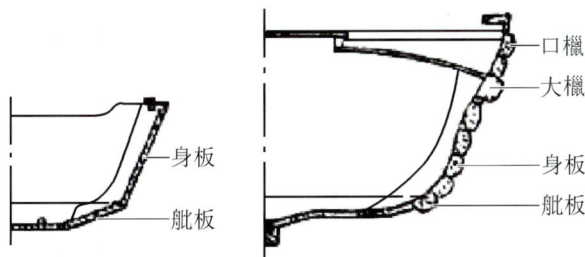

图4-11(b)　海船舷侧结构

　　舷侧板的横剖线常呈弧形，在靠近甲板部分的有呈外倾或内倾或呈直线形的不同，其首尾端依不同船型向船纵中剖面做一定程度的收拢，前与前封板（或首柱）相接，后与尾封板相接。

　　在《南船记》一书中称舷侧板为栈板，栈板板列由下而上称为拖泥、出水、中栈、完口、出脚（见图4-12(a)）。这在梁山出土的明代河船的横剖面结构图上得到了反映（见图4-12(b)）。

　　舷侧板承受水压力、波浪冲击力和船侧碰撞力等，其对保证船体横向强度、局部强度和总纵强度起到很大的作用。

　　(2) 舭板。

　　舭板又称转角板。木船舭部即是船底边两侧向上转角处，舭板是由一块或两三块板材拼合的纵向壳板，它上连身板，下接底板，内侧紧固在横骨架上。与底板和身板连接的横剖线轮廓各成一定的交角或弧形，《南船记》称其为"帮底"。两端依不同船型向船纵中剖面做一定程度的收拢，与前、后封板相接。

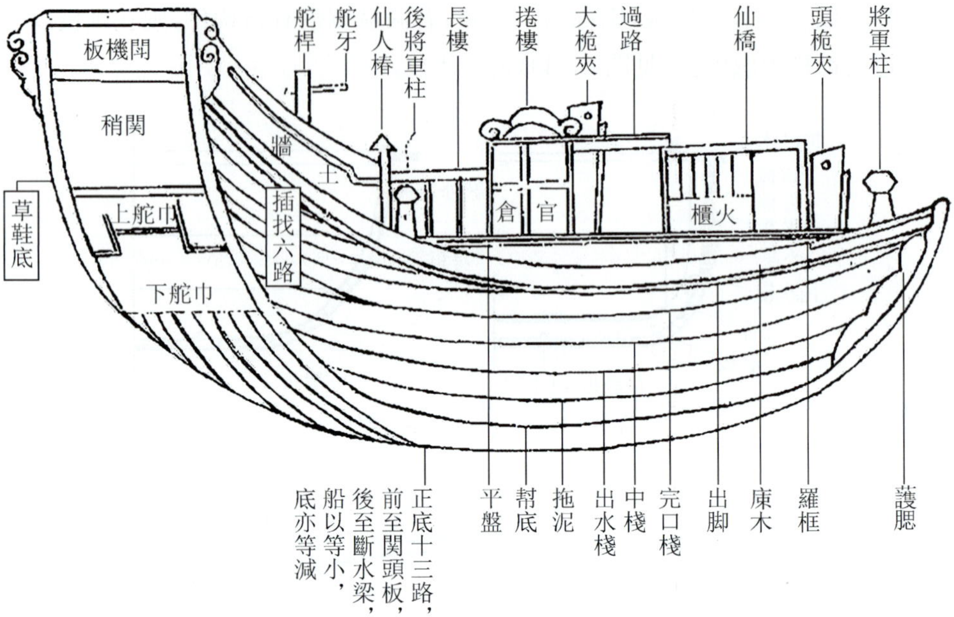

图 4‑12(a)　《南船记》图标内河船壳板及上层建筑名称图

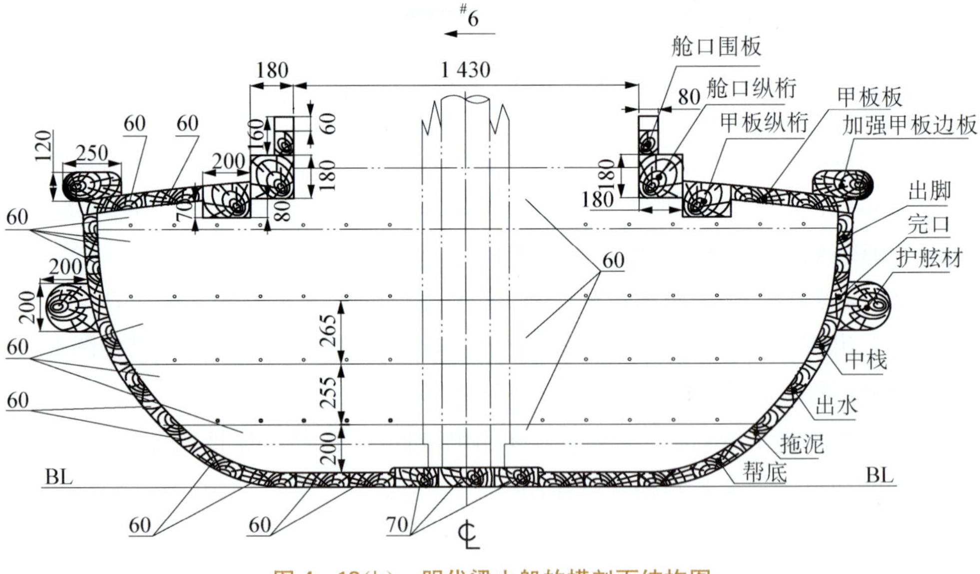

图中文字标注（上层自左至右）：板机闸、稍关、草鞋底、上舵巾、下舵巾、舵桿、舵牙、仙人椿、后将军柱、长楼、捲楼、大桅夹、过路、仙桥、头桅夹、将军柱

墙、土、插找六路

下方标注（自左至右）：底亦等减、船以等小，后至关头板、前至断水梁、正底十三路、平盘、帮底、拖泥、出水栈、中栈、完口栈、出脚、庥木、羅框、護腮

图 4‑12(b)　明代梁山船的横剖面结构图

标注：舱口围板、舱口纵桁、甲板板、甲板纵桁、加强甲板边板、出脚、完口、护舷材、中栈、出水、拖泥、帮底

尺寸标注：180、1 430、80、180、180、120、250、60、60、200、60、60、60、265、255、200、60、60、60、60、70、BL、BL

舷板在船舶近岸浅水航行或停靠时，往往触及河床，因而要求用优质木材制成，厚度一般大于身板。

中国木帆船

（3）舷墙板。

舷墙板又称防浪板。它是木船两舷从首到尾纵向装置的竖板。舷墙板高约1米左右，它顺舷弧曲线，首、尾两端呈纵向昂翘，横向外飘，用于防止或减少浪水入甲板，保护甲板上的人员和物品的安全。也有些木帆船不设舷墙。

（4）榭材。

榭材又称大筋，明代《南船记》称它为榭木，它是木船两舷侧身板以上的纵向加厚壳板。视船的大小和强度要求，并行设置1～6道不等。榭材在不同的位置有大榭、口榭、托水榭、方榭的称谓。内河船的大榭一般设在满载水线处，是两舷侧最大的一道榭，是各道榭中作用最大的一道（见图 4 - 11(a)、(b)）。

口榭是两舷侧最上面的即位于舷边的一道榭，有的船口榭即大榭。因其远离横中剖面的中和轴，所以抵抗船舶总纵弯曲的效果很明显。现在通常所称海船的大榭就是指舷侧最上面的一道榭材。

托水榭是两舷侧最下面的一道，一般是在空载水线处，有的托水榭设在舷侧板之间。方榭在明代称为正枋，横剖面呈方形或扁方形，一般设在上舷板中间或舷边。

榭材通常用粗长的杉、柏、梓、楠等圆木纵剖两半，对称的分置两舷侧，圆背向外，剖面齐舷侧板内缘，紧固在横骨架上。有的航海木船的舭板、舷侧板也用半圆木拼制。榭材两端依不同船型向船纵中剖面做一定程度的收拢上翘，与前、后搪浪板、封头板、封艄板相接。

榭材是全船纵向贯通的，是木船船壳特有构件，配合横骨架保证船体纵向强度，承受外部碰撞力，也有利于保证船舶的浮力和稳性。

也有无榭材的木船，它的舷侧板直抵舷边，内壁增加肋骨密度或设纵压筋，以保证舷侧强度。

（5）护舷材。

某些类型木船在两舷甲板外缘设置的纵向构件称为护舷材，俗称帮木、沿桥。它的作用在于承受靠岸或两船靠拢时的撞击力并传递给较大区域，以保护船舷（见图 4 - 13）。

6）甲板结构

甲板是木船舱面上沿舷弧线设置的露天壳板，甲板下面有隔舱板和肋骨支撑，大船下面还设托梁。甲板除了保证舱面水密，还提供了作业平台，并增加了船体的整体强度。甲板分为首甲板、尾甲板和舷甲板，木质甲板驳中部的舱面板一般可活动也有称甲板的。

图 4-13　清代沉船"洛阳 1 号"的护舷材图

图 4-14　梁山沉船的舷甲板

（1）首、尾甲板和舷甲板。

首甲板，俗称铺头板，是铺设在首尖舱上面纵向或横向铺设的露天水密壳板。首甲板前接封头板，后至前货舱，左右抵舷边，它是航行、靠泊、装卸、抛锚、起锚、绞缆等作业场所。

尾甲板，俗称铺艄板，是铺设在尾尖舱上面纵向铺设的露天水密壳板。它是操舵场所，有的船在尾甲板上设楼子或艄棚，即舵楼或舵棚。

舷甲板又称平板、走杆、阳桥。它是铺设于两舷与舱口围板之间纵向设置的露天水密壳板。它为船舶提供航行、装卸操作的走道（见图 4-14）。

（2）托梁。

较大的木船承托在甲板下面的横向和纵向桁梁称为托梁，相当于钢船的甲板强横梁和甲板纵桁，用于加强甲板的负载能力。在跨距较大的托梁下面常设支柱，也称立柱，其能将托梁所受的甲板载荷传递到船底，有利于船体结构的竖向强度。

（3）舱口围板和舷伸甲板。

舱口围板，又称拦水板，是货舱口四周的厚板框，通常高出甲板 20～40 厘米，下面紧固在甲板或面梁或托梁上。它能阻止甲板上水流入舱内并保证了舱面纵向强度。露天货舱的舱口围板上面覆有舱盖板。

舷伸甲板，又称外阳桥、舷外走板，是在两舷外侧装置的适当宽度的纵向木板，下面由与舱壁或肋骨位置相对应的横向构件支撑。舷伸甲板为人员提供纵向走道及船员撑篙等作业场所。

我国古船早在东汉陶船模上就出现了舷伸甲板(见图4-15)。

图4-15　广州出土的东汉陶船模

7)船首结构

船首结构包括前搪浪板、封头板和首柱。

(1)前搪浪板和封头板。

前搪浪板,俗称关头板、前鳌板。它是木船首部下面从底板前端起,沿一定的纵曲线伸向前上方与封头板连接的,由多块板料拼合而成的横向壳板。接底板的一块,一般稍厚,左右与两舷侧壳板相接,横向宽度依首型不同而异。有的前搪浪板是纵向设置的,即是船底板向首部上面延伸。

满载水线上、下部分的前搪浪板分别俗称旱搪板、水搪板。有的航海木帆船前搪浪板是双层叠合结构。前搪浪板的作用是增大首部强度、保证首部水密和承受水压力尤其是波浪拍击力。有的尖头船首封板狭窄,呈"V"形。有的不设前搪浪板,两舷侧壳板沿着较大弧线一直延伸到船的首柱。

对大型木船,紧贴前搪浪板内侧设置的纵向骨材称为首压筋,是增强前搪浪板纵向强度的加强材,根据首部宽度一般左右对称各设置1~5根,下端抵船底肋骨,上端与封头板相连。

封头板是前搪浪板上面的一块横向加厚壳板,它的上缘与首甲板齐,左右与两舷侧壳板相接,能承受首部碰撞力,提高船首强度。有的封头板是用一块圆背向外的半圆木,又称下滚头。贴盖在封头板上面的一块横向半圆木,称为上滚头,起到垫护封头板的作用,在其上面左右各安装一根用作挂锚链或缆绳的短木桩。

(2)首柱。

尖形船首和"T"形船首的船首端设置有一根强力骨材,称为首柱,下自主龙骨起,沿首部中纵剖线上升至船首尖端或封头板。首部两侧的壳板向中纵线靠拢与首柱连接。首柱处于船体的最前端,会受到水压力、波浪冲击力和外部碰撞力,所以强度要求高。

8)船尾结构

船尾结构包括后搪浪板、封艄板和虚艄。

(1)后搪浪板和封艄板。

后搪浪板,俗称后鳌板。它是木船尾部下面从底板后端起,沿一定的纵曲线伸向后上方与封艄板连接的、由多块板料拼合而成的横向壳板。左右与两舷侧壳板相接,横向宽度依首型不同而异。与封头板类同的封艄板是木船尾端上部的一块横向加厚板材,用于加强尾端结构强度,承受尾部碰撞力。

齐尾船的后搪浪板上抵封艄板,其他尾型的后搪浪板上抵后断水梁。也有不设后搪浪板的船,其底板后端起翘后,直接与断水梁相连。

所谓断水梁是船壳最后面的一道横舱壁。有竖立的或后倾的,上抵舱面梁,下与后搪浪板或底板相接。齐尾船的后搪浪板直抵艄板而无断水梁。有的小型木船在首部开有插篙孔,在其后设置一道水密舱壁,称为前断水梁,用于隔离从插篙孔侵入首尖舱的水(见图4-16)。

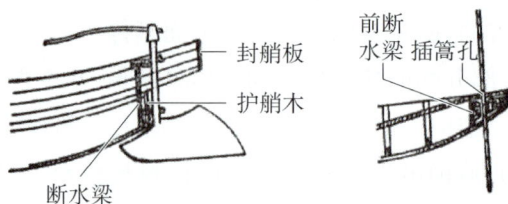

图4-16 断水梁

(2)虚艄。

虚艄,又称出艄、挑艄,指某些木船船尾甲板的延伸装置。它是用两根长木枋,一端对称地搭接在尾甲板两侧檣的后端,平伸出尾后一定距离,加横桁组成框架,上铺木板。虚艄的设置扩大了船尾使用面积,以供操纵尾帆、系缆、起锚或搁置杂物。沙船通常具有较长的虚艄(图4-17)。

9)其他结构

(1)压筋。

木船的压筋是指贴压在船体骨架上的加强骨材,常在大型木船上设置。不

图 4-17 沙船的虚艄

同部位的压筋,有底压筋、边压筋、首压筋和尾压筋。

底压筋,又称龙筋,古称底艚,它是船底纵向加强骨材,左右对称平行设置2~6道不等,它紧压在各道的脚梁(船底肋骨)上,贯穿首尾,为的是增强船底纵向强度。

设在两舷船壳板内侧的是边压筋,同样有助于增加舷侧纵向强度。压筋设在左右舭部的称为舭压筋。

设在前搪浪板和后搪浪板内侧的压筋分别为首压筋和尾压筋,是为保证前、后搪浪板的纵向强度。

(2)首护筋,又称护头筋,它是为较大的木船设置的紧贴前搪浪板外面的纵向护木,多少不一,视需要而设,设置的目的在于加强前搪浪板和在碰撞时起到护垫的作用。

(3)舱盖板。

舱盖板是横向覆盖货舱口的木板,用于隔绝雨水。一般用杉木拼制,每块板宽约40~60厘米,两端扣在舱口纵围板上,每两块板之间托以笐槽。笐槽是有纵向凹槽的长木条,槽口向上,紧贴于相邻舱盖板接缝下缘,两端搁置于舱口两侧围板的凹口上,从舱盖板接缝进入的雨水,可沿笐槽流向舱口围板外面。

4.2 船舶强度

船体强度是指船体结构抵抗各种外力作用的能力。

船体受到的外力是极其复杂和不规则的,船体结构必须要有足够的强度和刚度来抵抗可能遭受到的外力,否则,船体结构就会发生变形、渗漏进水甚至断裂。船体在外力作用下的变形和破坏,有的属于整体性的,有的是发生在局部位置上,外力作用的方向分为发生在纵方向和在横方向的两种。所以,将船体强度分为总纵弯曲强度(亦称纵向强度)、横向强度、局部强度和扭转强度。

检验船体结构抵抗外力作用能力的方法是计算出船体结构中产生的应力和变形,与结构材料的许用应力和允许的变形进行比较,加以衡准。

优良的船体结构是要求结构重量最轻而又牢固。

4.2.1 总纵弯曲强度

1)总纵弯曲的产生

船体的几何形状通常是中部肥大,向首尾两端逐渐瘦削的细长体,它由骨架和船板组成外壳,中间是空心的,因此,可以把船体看成是一个空心的变断面梁,简称为船体梁。

船体结构强度的最大危险是由纵向的重力和浮力分布不一致引起的。固然总的重力和总浮力是相等且平衡的,但是就每一点来讲,不可能处处相等。重力取决于船舶的重量分布,浮力取决于船体外形,这种向下的重力与向上的浮力分布得不一致,使得沿着整个船长方向的船体结构发生总纵弯曲变形和产生弯曲应力(见图 4-18(a)、(b))。

在波浪中更是如此,特别是在波长与船长相近时,船中落在波峰两端落入波谷,船中浮力大于重力,而两端重力大于浮力,结果两端下落,中央拱起,称为中拱现象(见图 4-18(c)),反之,首尾落入波峰船中位于波谷,则船的两端上起,中央下垂,称为中垂现象(见图 4-18(d))。船体发生中拱还是中垂,取决于船舶的重力和浮力沿着船长方向的分布。

中拱时甲板受到伸张的应力而被拉长,底部则受到压缩应力而被压短(见图 4-18(c))。中垂时刚好相反,甲板受压缩而船底受拉伸(见图 4-18(d))。在中间某一位置既不受伸展应力也不受压缩应力,这称为中和轴。距离中和轴越远

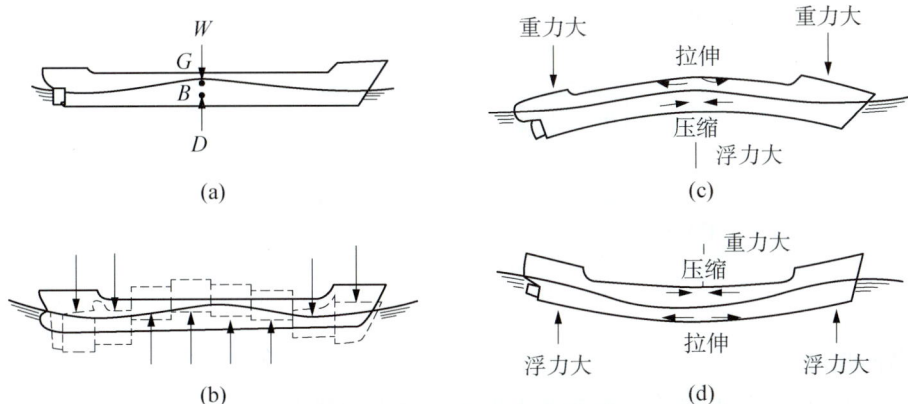

图 4 - 18　船体总纵弯曲变形

的地方受的应力也越大,距离近的地方所受应力越小(见图 4 - 19)。所以船底结构和甲板的纵向结构都要特别加强。船壳板的厚薄分布就是上下位的壳板要加厚,在中间一带可以比较薄一些。若船体在水上发生左右倾侧,则弯曲应力的最大值将发生在转角的地方,所以转角处的结构很重要。

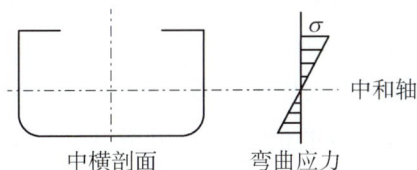

图 4 - 19　船中横剖面及总纵弯曲应力分布

　　船在波浪中不论是中拱或中垂,引起纵向弯曲的弯曲力矩总是中间大于两端,所以,船体结构也是中央剖面结构最坚强,逐渐向两端减弱。

2)总纵弯曲力矩和剪力

　　船体除了受到弯曲力矩还承受剪切力,它是由于重力与浮力分布得不一致,也就是某一处浮力大于重力,而另一处重力大于浮力,因而在两处之间发生上下的剪切力。

　　总纵弯曲力矩和剪力沿着船长方向的分布用总纵弯矩曲线和剪力曲线表达,如图 4 - 20 所示,它为某船在某一装载状态下所计算的总纵弯曲力矩和剪力沿船长的分布曲线。中拱和中垂的总纵弯矩曲线和剪力曲线的方向相反。

　　船体结构抵抗总纵弯曲力矩和剪力作用的能力,称为船体总纵弯曲强度,简

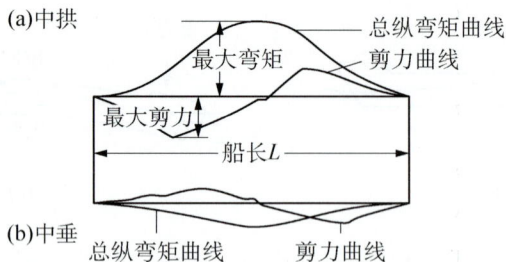

图4-20 船体总纵弯曲力矩和剪力曲线

称纵向强度。

由图可见,总纵弯曲力矩和剪力沿船长分布曲线有如下的分布规律:

第一,船舶最大弯曲力矩一般位于船中附近。

第二,船舶的最大剪力位于距首尾两端1/4船长附近。

第三,船舶最大弯曲力矩处,剪力值等于零。

第四,弯曲力矩和剪力值向首尾两端逐渐减小。

3)船体强度衡准

在船体中部附近的横剖面上,即船体最大总纵弯曲力矩作用的剖面处,将承担着纵弯曲力矩作用的面积(见图4-19)对其中和轴的惯性矩,用 I 表示。将惯性矩 I 分别除以中和轴至强力甲板边线处的垂直距离 Z_d 和至船底平板龙骨上表面处的垂直距离 Z_b,所得的值分别为甲板剖面模数 W_d 和船底剖面模数 W_b,即

$$W_d = I/Z_d$$

$$W_b = I/Z_b$$

甲板剖面模数和船底剖面模数中较小的一个称为船中横剖面模数,并用符号 W 表示。由于船底部构件较多,中和轴一般偏低,故船中横剖面模数均为甲板剖面模数。

由材料力学可知,将船体所承受的最大总纵弯曲力矩 M 除以船中横剖面模数 W,即得到船体结构中的最大总纵弯曲应力 σ 为

$$\sigma = M/W$$

总纵弯曲应力的大小沿着船深方向是成线性分布的。在甲板或船底处应力最大,在中和轴处等于零。船底与甲板的弯曲应力的方向相反,当甲板受拉应力

中国木帆船

作用时,船底则受压应力作用,或者相反。船在航行中由于浮力在不断变化,因而船底与甲板的弯曲应力的大小和方向也在不断地改变着。

当船舶的重力和浮力的大小和分布一定时,总纵弯曲力矩值亦为一定值。因此,改变船体中参与总纵弯曲的结构构件断面尺寸的大小和布置,也就改变了船中横剖面模数 W 的大小,即改变了船体中最大的弯曲力矩值,所以船中横剖面模数 W 的大小可以作为衡量船体强度的一个标准。

若船体结构材料的许用应力为 $[\sigma]$,当 $\sigma \leqslant [\sigma]$,即 $M/W \leqslant [\sigma]$ 时,则就认为船体结构材料是满足总纵弯曲强度要求的。船舶建造规范对总纵弯曲力矩 M 的取值都有规定。

船体发生过大的中拱和中垂弯曲变形都会对船舶产生许多不利影响,因此,对船体中拱和中垂而引起的挠度有限值的要求,通常不超过船长的一个百分数。钢船一般要求挠度不得大于船长的千分之一,船长以毫米计。

木船大都是凭经验建造的,或遵照按经验总结所制定的规范建造,建造的木船结构强度在古代是体现在经验上,通常并无严格的精确计算。

4.2.2 横向强度

船体的横向强度是指船体结构抵抗横向作用力的能力,承担船体的横向强度的主要构件和结构主要是横舱壁和肋骨框架。

当船体受到的舷外水压力作用与舱内货物、设备等压力作用不均衡时,甲板、船底和舷侧结构会在船体横向断面内发生凹变形。船体在水线以下的各部位都受到水的压力,越深的位置压力越大,所以船底所受的压力最大。就横剖面来看,如果强度充分且重量分布很好,在水下的受力情况如图 4-21(a)所示。如果横向结构强度不够大,则在受力时会产生如图 4-21(b)所示的变形。

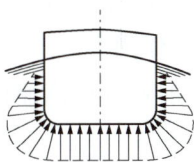

图 4-21(a)　水压力作用于船体的情况

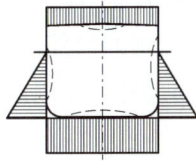

图 4-21(b)　船体受水压力后产生变化的趋向

如在船舱里载有很重的货物,这时船底会向下弯曲,而上方横梁与甲板上载物过重,则横梁和甲板也会发生向下的弯曲变形(见图 4-22(a)、(b)),此时,通常会设置横梁支柱和加强舱壁结构。

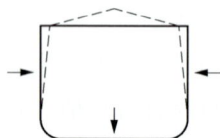

图4-22（a） 船内载重很大，船体有向上拱出的趋势

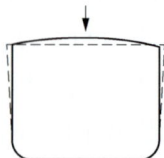

图4-22（b） 甲板上载重很大，甲板有向下弯曲的趋势

4.2.3　扭转强度

扭转强度是指整个船体抵抗扭转变形和破坏的能力。

在波浪中船体左右舷受到的水力不对称也不相等，当船舶斜置在波浪上时，或船的首尾部的装载对于船中心线左右不对称时，以及其他原因产生的首尾左右不对称的作用力，都会产生作用在船体上的扭转力矩，使船体发生扭曲变形，如图4-23所示。一般因船的舱口较小，抗扭强度是有保证的，无甲板船的抗扭强度会差一些。

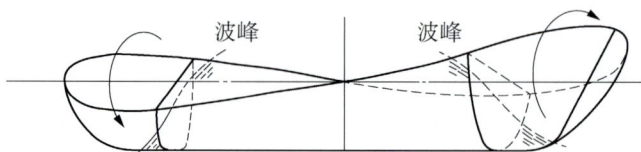

图4-23　船体在波浪上的扭转变形

4.2.4　局部强度

局部强度是船体结构抵抗局部外力作用的能力。船体可能受到的局部外力有：桅、铰关等对船体结构的局部作用力；入坞、搁浅情况下对船底结构的作用力；下水时船底受到的局部作用力；船首受到的波浪作用力等。

对易遭受局部外力作用的部位，其结构必须做加强以提高船体结构的局部强度。

总而言之，船体结构强度保证措施不外乎减小外力、提高船中横剖面模数 W、提高材质和局部加强等方面。

5 船桅与风帆

木帆船的推进通常是利用自然风力、水流力和依靠人力,但是最主要的推进力是强大而廉价的风力。风帆系于船桅,当风吹袭风帆时,风力是通过船桅传递到船上的,帆船得以获得推力而前进。船舶自从挂帆以后,其航行区域大为扩大,航速得到极大的提高,使跨海远洋航行成为可能。鉴于桅和帆组成了一个利用自然界风力推进船舶的整体,正因为如此,本章将理应归属木帆船船体结构的船桅与风帆结合到一起讲述。

5.1 船桅

木帆船外观最显眼的是竖立于船上的船桅和挂在船桅上的风帆。船帆是接受风力的装置,船桅是将风力传递到船体的设施。桅有用作挂帆的帆桅和挂纤绳的纤桅,但最主要的和用得最多的是挂风帆的帆桅。

5.1.1 桅的布置

中国帆船很早就采用多桅多帆,根据船的大小设置不同数量的船桅,小船用单桅就够了。近代木帆船一般从单桅到三桅,三桅船的船桅分为主桅(又称大桅)、头桅(又称首桅)和尾桅。主桅一般置于在船长从后至前的约 6/10 处的纵中线上。也有的设置在船长从后至前的 7/10 处,甚至还有超过 7/10 的。头桅、尾桅分别设在船的首、尾附近,头桅与主桅的最小距离,以挂帆驶风时互不干扰为度。尾桅设置在尾部纵中线或有偏侧,尺度小于头桅。主桅长度一般为船长的 $80\% \sim 100\%$,头桅长度为主桅的 $60\% \sim 80\%$ 不等,尾桅长度为主帆的 50% 左右(见图 5-1)。

图5-1　威海湾三桅帆船

　　桅杆与船体基平面垂直线的夹角称为桅倾角,主桅通常略向后倾,倾角一般在3°以内,作用是驶偏风和打戗时,利于主帆受风和转脚,同时利于升帆、落帆。尾桅都是后倾,倾角与主桅基本一致。头桅由于距主桅较近,为利于主帆、头帆的配合受风而不至于互相干扰,并使首甲板有适当的空间供操作,因而一般都前倾较大,倾角为10°～30°不等。

　　图5-2是五桅沙船的模型,中国船桅还有多达七桅的,例如,太湖七扇子船就是七桅七帆。据《西洋记》所记明代郑和下西洋乘坐的大型宝船是九桅十二帆(见图5-3),创世界之最。

图5-2　五桅沙船模型

图 5-3　郑和宝船复原效果图

中国木帆船比较常见的是三桅三帆，即主桅悬挂主帆、头桅悬挂头帆和尾桅悬挂尾帆。

5.1.2　桅的结构

船桅结构包括桅杆、桅座、桅面梁及与船体连接的构件，桅座结构有多种形式。

1）桅杆

桅杆在古代也称樯、橋，它是竖立于船上用于挂帆驶风的粗木杆。桅杆通常选用杉木，因为杉木木质轻而富有弹性，抗折强度较好，也耐腐蚀。桅杆也有采用搭接的，用二三道铁箍固紧的方法纵向接长。

桅下部两侧须削成平面以靠贴桅夹，根端做成榫状用于插入桅舱的桅底座，顶部开风门或装带环的铁箍以系吊挂帆的滑车装置（见图 5-4）。古代海船桅

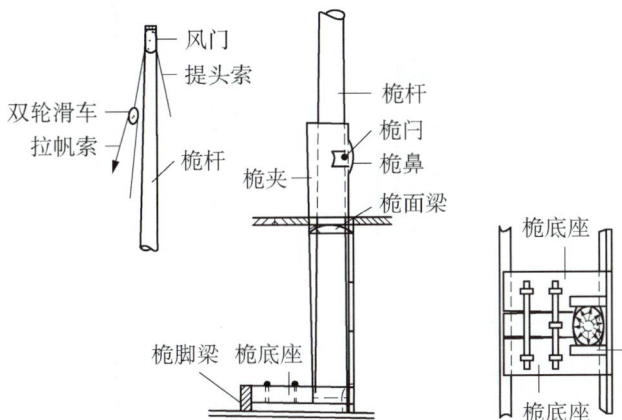

图 5-4(a)　桅装置图

图 5 - 4(b)　出土沉船的桅、桅夹和桅座

杆也有用数根圆木绑扎而成的。

桅杆过长会影响船的稳性,桅的最大的载帆面积有一定的限度,当船的排水量较大时,只有增加桅数,以增加风帆总面积获得必要的驶风推力。当然,桅数也受到船体水平面积的限制,不可能任意增加,因而较大的木帆船往往配置一些辅助帆以达到尽可能增加帆总面积的目的。

中国船桅通常是整根木材独竖,桅上挂一幅纵帆,西洋的帆船多桅多帆,杆桅通常用三节拼接而成,每一节桅上挂着横向布帆。

2) 桅座

桅座,俗称金刚脚,由长方形硬杂木制成。纵向平置在桅舱下面,前后两端嵌在前后两根强力底肋骨的凹槽上,下边与底板保持一定间隙,使桅不触及底板。桅座的作用是固定桅根位置的基础构件,承受桅、帆的垂直压力和驶风时的水平压力,如图 5 - 5 所示。

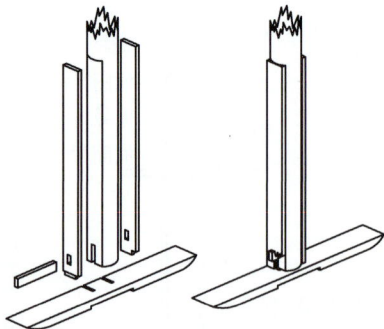

图 5 - 5(a)　梁山古船桅杆与桅座装配图

橹座结构也有多种多样的形式,图5-5(a)、(b)显示了梁山明初沉船的橹和橹座结构,它是古代河船橹座结构的实例。

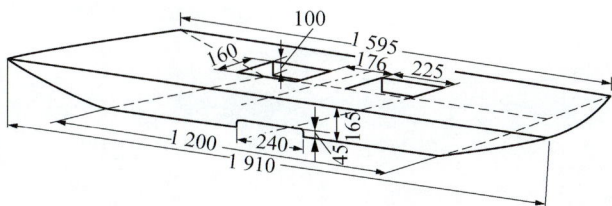

图5-5(b) 梁山古船的橹座实测图

3）橹面梁

橹面梁是主橹后侧橹面梁上的一道强力面梁,福建一带船民称橹面梁为含檀,在橹面梁朝船首方向的中点处开有凹口,称为橹门,宽度以能穿过橹和橹夹为准,凹口的左右缘有凸榫,与橹夹的方孔吻合,以使橹夹固定。参见图5-4(a)和图4-1所标示的橹面梁。

4）用途各异的船橹

（1）“人”字桅与“1”字桅。

桅结构有“1”字桅和“人”字桅的不同。前面提及的桅杆是呈竖立直线的,它是“1”字桅。

在南方某些支流木帆船有一种独特的形似“人”字的桅挂帆装置,称为“人”字桅。它与双索帆配套,用两根杉圆木,上端以20°左右的角度相交,并接一根呈笋状的短圆木成为桅顶尖,开有横向孔用来穿以硬木栓或铁螺栓,从交点处连成一体。在笋状短木的下端开纵向风门,内装滑车以通过拉帆索。两桅木张开成人字形,中间设两三道横档木,根部骑置于船长从后至前的3/4处的橹面梁的两舷,用铁丝穿过桅根的开孔扎结固定。人字桅竖起时,保持适当的前倾角,前用一根后用两根篾缆从桅上端交点分别斜牵到船的首尾处扎牢,以固定桅身。人字桅可用较小的木料,但只能挂帆驶顺风和斜顺风,只适用于特定的内河航道。

“1”字桅和“人”字桅都有用于挂帆的和系挂纤绳的。宋代张择端的《清明上河图》绘有作拉纤的“人”字桅（见图5-6）。

（2）可眠桅和固定桅。

木帆船在航行中,遇到前方有桥梁等,因为桥梁高度不足,通航空间有限而

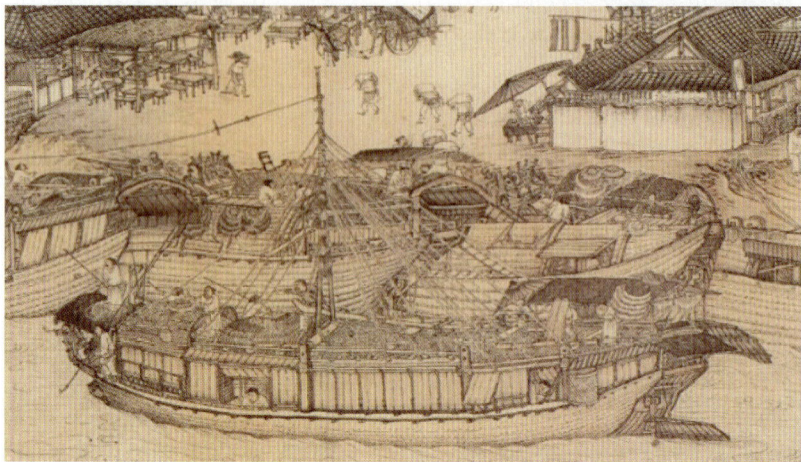

图5-6 《清明上河图》上的拉纤用的"人"字桅

会发生触碰船桅顶的情况时,必须眠桅(又称倒桅、放桅)通过。风力太大时,为保证安全,有时也需眠桅。"1"字桅当抽去桅夹板的销钉,桅杆可以起倒,桅杆倒向前的舱壁留有豁口,以增大倒桅的角度(见图4-9)。

固定桅的木帆船在驶风航行中遇到风力骤增到超过船的抗风能力的紧急情况下而落帆又发生障碍时,就必须砍桅以避免船舶倾覆。

内河上的人字桅木帆船,为适应通过河道桥梁桥孔的需要通常都是可倒桅的。图5-6《清明上河图》中绘有的人字桅木帆船,在过桥时是可以放倒的。

(3)拉纤桅与驶风桅。

驶风桅是传递风帆受到的风力来推进航船的,而拉纤桅是系连纤绳,靠人力挽牵纤绳牵引船舶前进的。不论人力拉牵还是挂帆驶风,它们产生的推进力都是通过船桅传递到船体的。

5.2 风帆

帆,又称篷,是张挂在桅上的驶风装置。帆用布或用篾与蒲草编制,船帆的外形和布置林林总总,五花八门。

5.2.1 风帆的型式

中国帆船的风帆(又称篷)的形状大致分为矩形、扇形和上部扇形下部矩形

中国木帆船

的混合形三类，以后者居多。太湖七扇子船是沙船型，它的船帆常用矩形帆，如图5-2所示。广船多用的帆形如张开的折扇，故称为扇形帆，扇形帆的外形很美，当三帆向左右同时展开，好像蝴蝶在海面飞舞，美其名曰蝴蝶帆（见图5-7），使广船与其他地区船型相比最具特点。

图5-7　广船的蝴蝶帆

不论哪类形式的风帆，其风帆面的高度大于帆的宽度，被称为纵帆。西洋帆船风帆的单幅帆面的高度一般小于帆宽，所以被称为横帆。

中国船帆也有布质的软帆、三角帆，一般都用于内河船和小船上。某些航海木帆船驶风时加挂的三角形软帆，是用作辅助帆，通常称为辅帆。张挂在不同位置的辅助帆有不同的名称：挂在主帆或头帆一侧的，称为"外挑"；在主桅底下的，称为"坐裙"；挂在主桅顶部与头桅顶部之间的，称为"天桥"；斜挂在头桅上部与船头部前伸杆之间的，称为"前插花"；斜挂在主桅上部与船尾部之间的，称为"后插花"；斜挂在主桅上部与船首部之间的，称为"耳捂"。除"外挑"与"坐裙"用于驶顺风外，其余都是在偏风的时候张挂（见图5-8）。

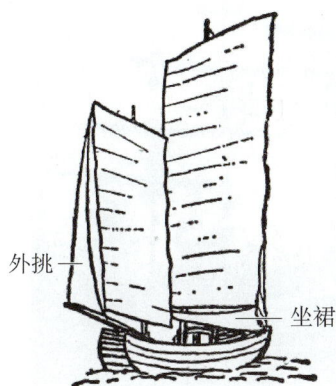

外挑

坐裙

图5-8(a)　辅帆图之一

天桥

前插花

图5-8(b)　辅帆图之二

图 5-8(c) 辅帆图之三

耳捂

后插花

由于帆的重量很大,在帆的上横桁与桅杆之间连接一组滑轮,通过绞车向下拉紧升帆索,帆即可升起。如果逐渐放松升帆索,帆即可缓缓落下。

系结在帆顶桁提耳上的一根力索,称为提头索。它的上端通过在桅顶上的吊帆滑车后,系结在帆顶桁提耳上,另一端系一只双轮滑车,与拉帆索相连,而拉帆索的下端系在桅面梁的铁构件上,向上通过提头索的双轮滑车,再回到桅面梁的下滑车,如此上下循环两周后,另一端以活结套在桅夹构件上。提头索和拉帆索负荷升帆之后帆的全部重量(见图 5-4(a)),通过滑轮组的作用,使升帆省力,风帆能靠帆的自身重量落下,极其轻松,落帆放置在桅下的帆架上,升落帆的操作都在甲板上进行,很是方便(见图 5-9)。不像西洋帆船的收放帆那样需要多名水手爬上每根帆横桁,站立在横桁上齐力将沉重的帆面向上卷起或放下,这显然是一种高强度、高危险的高空作业(见图 5-10)。

中国木帆船

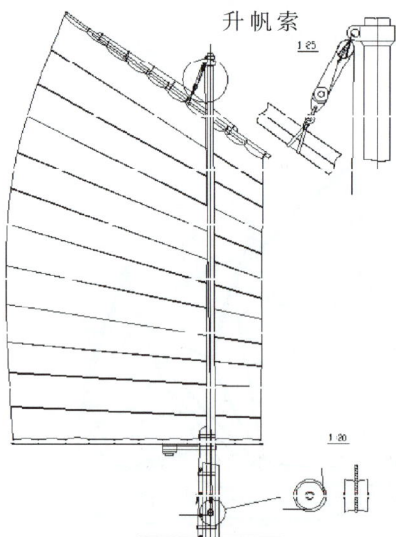

升帆索

图 5-9 升帆索

图 5-10 西洋帆船水手正在收放帆作业

"随风张幔曰帆,使舟疾泛泛然也",这是汉代刘熙所著《释名》一书中对风帆的生动描写。唐代大诗人李白也写有"直挂云帆济沧海"的绝妙诗句。

5.2.2 中国风帆技术

1）主帆、头帆、尾帆的配合驶风

对应于挂在主桅、头桅和尾桅上的帆分别是主帆、头帆和尾帆。

主帆，处于船体重心的前方，驶风时起主要作用。头帆，驶风时配合主帆以增加受风面积，有头帆配合能使船转向灵活。尾帆，尺度小于头帆，除了增加受风面积外，还能使操舵省力即有助舵作用，可提高帆船的操纵灵活性。

木帆船帆的长度会受到桅高的限制，帆底边须在桅夹以上，以不妨碍驾驶视线为限度，顶边低于桅顶吊帆滑车，但斜顶边帆的尖峰可高于帆顶。尖峰高出桅顶使船可以充分利用桅顶上方的部分风力。头帆、尾帆与主帆的长度比值与各桅的长度比值基本一致，即70%和50%左右。帆的宽度，明代海船记有"篷宽等于船身之阔"，现代木帆船的主帆宽度都大于船宽。其目的在于尽可能地扩大帆面积。头帆和尾帆的宽度一般为主帆宽度的50%和30%左右。头帆和尾帆的帆面积一般分别为主帆帆面积的30%～40%和10%～20%。

2）平衡帆与不平衡帆

桅中心线与在风帆面位置的不同，则桅中心线前后帆的面积多少不同，桅中心线前后帆面积分配的多少反映了平衡大小的不同，通常把桅中心线一边的较小的风帆面积与整个风帆面积的比值视为帆的平衡系数，平衡系数的大小表明了平衡程度大小。

帆的前后部分的风帆面积相同，即平衡系数为0.5，则称为全平衡帆，若风帆面积全位于桅中心线的一边，即是平衡程度最小的（平衡系数为0）的零平衡帆，平衡系数为0和0.5是风帆面积平衡程度的两个极端。

若桅中心线的前后有不相等的帆面积，即平衡系数在大于0和小于0.5之间，则是介于零平衡帆与全平衡帆之间的平衡帆。通常将零平衡帆称为不平衡帆，其余的皆称为平衡帆，全平衡帆只是平衡帆的一种特例。

全平衡帆的帆面在桅的两边基本对称，西洋帆船的"软帆"布置是在桅的左右对称，是典型的全平衡帆。中国的全平衡帆一般为平顶长方形，常被某些河面狭窄的支流小船所采用。

风帆面积的重心一般都是在桅的后面，便于操纵，驶风灵活（见图5-11）。

中国使用的船帆绝大多数属于桅杆前后帆面积分布不相等的平衡帆。我国

木帆船的平衡帆通常是斜顶边，尖峰在桅后，由于帆的重心在后，转脚操纵灵活，适宜驶风打戗。

不平衡帆在升帆后，桅处在帆面的边线上，这种帆多为平顶长方形软帆，为某些内河支流小船所采用。

3）硬帆与软帆

船帆有"软帆"和"硬帆"的不同，用布缝制而成的风帆面是布面，因其质软而被称为"软帆"。"硬帆"是指质硬的风帆，它的帆面是用篾或蒲草编织而成。

中国常用的一种风帆非常奇特，它虽然是用软质的布帆，但在布帆面上横或斜置多根竹子撑条用来支撑帆面，所置的竹子撑条被称为帆竹，帆竹有的装在帆的一面，也有交错地穿插在帆的两面，由于帆竹的存在起到了将布质帆面撑开的作用，形成了一具整体比较平整的帆面，使得布质帆面具有一定的硬度。因此，设置帆竹的布帆具有一定硬度的性质，也属硬帆。

因为帆竹有一定的弹性，所以风帆面受风时会略呈形似机翼的弓形，当风力与风帆面成某一角度吹袭时，如同风对机翼产生的升力一样，硬帆具有较高的帆效，风对帆面产生的作用力的合力在船的前进方向的分力就是帆船的前进动力。这正是中国布质"硬帆"的独特之处。

中国绝大多数的布质风帆，尤其是主帆，就是这样的布质硬帆。当然，"硬帆"与"软帆"是相对于而言的。在古代，"硬帆"被称为利篷，布质软帆为布幔。"硬帆"能更有效地利用风力，为绝大多数木帆船所采用。

真正的软帆是布质帆面上没有帆竹的帆，一般尺度较小，轻便，制作简单，易折叠保存。另有一种软帆，在帆顶外端与底边触桅处斜向系结一竹竿支撑。辅助帆一般是软帆。

4）"活帆"与"死帆"

中国船帆的最重要的特点是，中国船帆不仅是"硬帆"，还是"活帆"。

中国帆船的"硬"帆上的"帆竹"有若干根均匀分布，帆底边的一根比较粗，称为帆底桁。抱桅索在桅杆一侧，抱桅索围过桅杆两端系结在帆竹上，保持帆面与桅杆贴近，它既使风帆面与桅杆贴近又留有两者活动的空间，风帆能灵活地绕桅杆转动，风帆面所受到的风力均匀地传递到桅杆并通过桅杆传递到船体。抱桅索除用绳索外，也有用竹竿、竹片、藤条，为了减少抱桅索与桅杆之间的摩擦力，有的抱桅绳索上还穿上用果子核制成的珠子。船帆能绕桅杆灵活地转动，使风帆的面向适应风向的变化，让风帆处于有利的受风状态，所以说这种可以方便地绕船桅大角度地随意左右转动的风帆是"活帆"。在清代宁波船的画面上清晰地展示出桅帆上的"活帆"技术特色(见图5-11)。

图5-11　清代宁波船上的"活帆"

　　抱桅索的设置不仅使船帆绕桅转动而且升降帆的上下移动都是非常灵活的。西洋帆船的"软帆"虽然也能稍做转动但受到桅两侧的绳索等影响,可转动的角度并不大,帆的升降也很困难,不能与中国的"活帆"相比。

5.2.3　"硬帆"和"活帆"是中国船帆的重要特点

　　硬帆和活帆是中国船帆最重要的技术特点。

　　中国帆船的"硬帆"只要与来袭的风有一定的夹角,就会产生垂直于风向的升力和与风向同向的阻力,由侧向吹往硬帆的风,所产生的升力较大而阻力却很小,即硬帆具有较高的帆效。升力和阻力的合力在船舶前进方向的分力就是船舶前进的推力,在垂直航向的分力就是帆船的横漂力。

　　由于此横漂力在船舶重心之前,会使帆船发生转向,此时应操舵使帆与舵适当地平衡,以保持既定的航向,为此,就要根据风向和风力大小的变化随时变换帆角和舵角,这就是常说的"见风使舵"。"见风使舵"是地地道道的航海术语(见图5-12)。

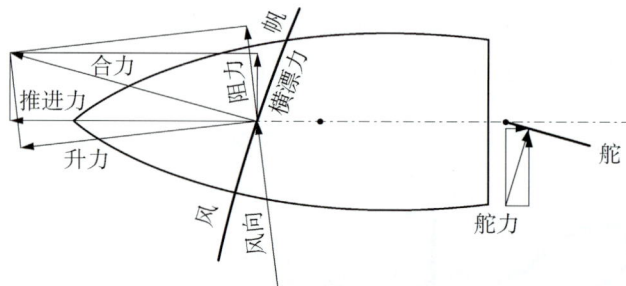

图 5 - 12　风帆和船舵受力图

中国帆船是"活帆",可以根据不同航向和风向的实际情况来转动船帆,使风帆处于最佳的位置。古代船民操帆的经验告诉我们,在一定的风向和航向下,风帆面处于风向和航向组成的夹角的平分线上时最为有利。

中国船帆的"硬帆"和"活帆"的特点使它不仅在顺风,而且不论是在后侧风还是在前侧风的情况下都能吸收风力推进船舶前进。因此,航船遇到的只要不是正逆风(顶头风),即使是前侧风也能获取风力在航船前进方向的分力。但航船遭遇顶风时就只得落帆了,难怪北宋的徐兢在《宣和奉使高丽图经》中就有"然风有八面,唯当头风不可行"的记载。到了明代,掌握了逆风航行技术,就是"打戗"(也称"调戗")的航行技术,即船航"之"字形前进的技术,这就是所说的"调戗使斗风",巧妙地实现了中国帆船操驶顶头风航行。

中国的风帆出现在距今 2 400 年的战国时代,远不及埃及出现得那样早。但是中国的风帆的"硬帆"和"活帆"的特点,使得中国帆船喜欢利用侧向风。但是使用特别高大的桅杆和帆是不适宜的,所以多桅多帆也就成了中国帆船的特点。

中国的纵帆是可以两面受风的,而西洋的横帆只能单面受风,这是中西风帆的最大区别。

6 桨、橹、篙、纤

桨、橹、篙、纤是中国木帆船常用的具有操纵作用的人力推进工具,其中橹的连续推进工作原理十分科学。

6.1 木桨

最原始的船舶推进工具应该是人的双手或手握着的树枝,划船的木桨乃是手的延伸。在地处长江中下游和滨海地区的河姆渡遗址所出土的文物中有 6 把木桨,为 7 000 年前的遗物。保存较好的一件残长 92 厘米,另一件残长 63 厘米,宽 12.2 厘米,厚 2.1 厘米。柄部,断面呈方形,粗细仅容手握。做工精细,桨柄与桨叶结合处,阴刻有弦纹和斜线纹图案(见图 6-1(a)、(b))。在濒临太湖的吴兴钱山漾和杭州水田畈两处,也发掘出新石器时代末期 4 700 年前的 5、6 支木桨。桨由桨叶和桨柄两部分构成。桨叶为扁板,桨柄多为圆杆。

6.1.1 划桨与荡桨

木桨按其长短可分为长桨和短桨。桨手划桨的操桨姿势有立姿和坐姿之分。一般立姿用于长桨,坐姿用于短桨。

根据木桨的操作不同,可分为划桨和荡桨,但是通常不作区别地统称为划桨。

1) 划桨

东汉(公元 25—220 年)刘熙在《释名·释船》中,对桨诠释得很清楚:"在旁拨水曰棹。棹,濯也,濯于水中也,且言使舟棹进也。又谓之札,形似札也。又谓之楫。楫,捷也,拨水使舟捷疾也"。它不仅表述了木桨的形状和功能,还指出了

图 6‑1(a)　7 000 年前的河姆渡雕花木桨出土照片

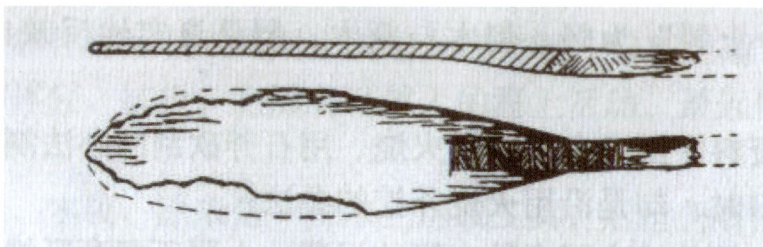

图 6‑1(b)　7 000 年前的河姆渡雕花木桨绘制图

木桨的工作机理是"拨水"。"拨水"就是将桨叶入水,用人力将桨叶的扁板面正对船尾向用力拨水,根据作用与反作用原理,水对桨叶板面的反作用力就是船的推进力,此"拨水"就是划桨。

划桨是靠入水桨叶面垂直于船的前进方向由前向后划动,根据作用与反作用原理,桨面受到的反作用力使船舶获得推进力,它是通过桨手的身体传递给船上的。"拨水"的操作是"拨桨",也就是常说的划桨。

划桨时桨手的一个手抓住桨柄上端的桨拐,另一个手握住桨柄,因此在桨上有三个点着力:桨叶面上水的作用力、桨柄上端的操桨力以及在桨柄上的握桨力。划桨手的两个手分别承受操桨力和握桨力,划桨中双手配合动作,双手的两个作用着力点对船而言都是活动的而不是固定的。

划桨时一人一桨,双手分别握住桨拐和桨柄,依靠腕力和臂力,置桨于舷外向后摆动桨叶划水,使船前进。最为典型的是中国划龙舟,划龙舟基本上有坐姿划短桨(见图6-2)和立姿划长桨(见图6-3)。

图6-2 坐姿面向前划短桨的划龙舟

图6-3 立姿面向前划长桨的划龙舟

长桨和短桨是相对而言的。例如,立姿划的桨显然要比坐姿的要长一些。

《太平御览》卷七六九引《吴时外国传》扶南国行船,说:"立则用长桡,坐则用短桡"。说的就是这个意思。

木桨如果加长,则桨面上水的力作用点距桨柄端就远,而桨手双手握桨距离却是有限的,此时桨手就难以承受划长桨了,如果将桨柄搁置在船舷边的一个支点位置上,例如通常在舷边上方设置的桨叉、桨扣、桨桩、桨座等桨支架上,那么在桨柄上的作用力是置于船舷的支点上，利用杠杆原理，此时桨手双手的划桨力通过此着力点有效地传递到船上，推船前进。若长桨在船舷边上有支力点，则为有支撑长桨。

木桨在出土的汉代木船模中也得到了印证。长沙西汉木船模型（见图6-4）上有16把长桨，桨柄伸进舷板上的圆孔就是构成桨的支点。广州西汉木船模型（见图6-5）是坐在船的坐凳上以坐姿划桨。

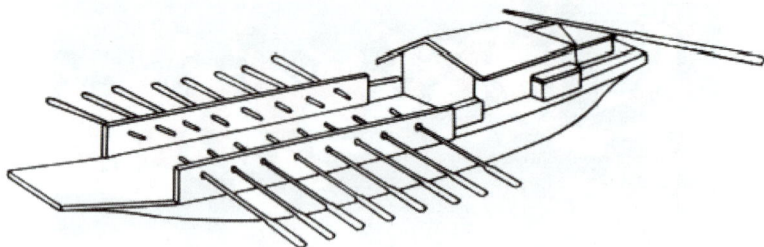

图6-4　长沙西汉木船模型

图6-5　广州西汉木船模型

为了获得更大的划桨力，就需要加长船桨，但桨手离船舷距离有限，势必要使桨叶入水很深，为减小木桨与水面的夹角，就采用坐姿划长桨。采用坐姿面向船尾的划船方式，能更有效地发挥桨手的划桨能力，西洋划桨船就是如此，甚至将桨支架伸出船舷外，划桨时桨手能充分地发挥划桨的爆发力，故在竞技类的舟艇上比较常见（见图6-6）。

2）荡桨

荡桨是靠前后划动入水桨叶，推动木帆船前进。划长桨，通常桨手面对船首，如果一人操双桨，需两手分握各桨拐，桨柄交叉于胸前，举双臂自后向前推动桨柄，身体随着前倾，此时入水桨叶以一定的角度向后划动，桨叶压水，水以同量的反作用力压桨叶，通过桨桩传递此力使船前进。因为这种操桨作业的桨面与

图6-6　西洋划艇

桨的运动方向存在一个小于90°的夹角,因此它是荡桨操作。桨叶在桨桩的限制下只能向后荡到一定的距离,此时须顺势下按桨柄,使桨叶露出水面,紧接着回拉桨柄,使桨叶向前平移,即完成一次操作过程。当桨叶前移到与船的纵中线成锐角时,再举臂前推桨柄,桨叶再次入水。如此反复动作,使船不停地前进(见图6-7)。如果是操单桨,则一手握桨拐,一手握桨柄,划桨动作与操双桨同(见图6-8)。在多人操作多桨时,动作必须协调一致。

图6-7　一人荡双桨

图6-8　一人荡单桨

操桨时反向操作可以使船倒退;单操某一舷桨,或左右桨用力不同,或左右桨反向操作,可以使船转向。

6

桨、橹、篙、纤

6.2 橹

橹是长桨的发展演变的一种结果,它入水较深比桨效率高,是木帆船的一种非常有效的人力推进工具。除在急流航道逆流航行外都可使用。

6.2.1 橹的结构与布置

橹用木料制成,长度视船的大小而异,分为橹柄和橹叶两部分。橹柄横剖面一般为圆形,近顶端有凹槽或铁环以套系橹索;橹叶又称为橹身,横剖面呈圆背形,入水部分渐宽而薄。橹柄与橹叶搭接,用铁箍紧固,下装橹垫。按橹的外形分有琵琶橹和板橹,按橹在船上设置的位置分有头橹、腰橹和梢橹。

琵琶橹用优质木料制成,橹叶略似琵琶,橹柄分两节。橹叶上部圆背较高,下部渐扁平,尾端呈圆弧形,有的橹叶边还包有铁皮。板橹一般用杉木制成,橹柄上端略向下弯曲,橹叶较薄,有的板橹用整根直木料制成。

橹是由橹板、橹柄以及将两者连接起来的"二壮"所构成。在操橹甲板上,装设一橹支钮作为支点,这是一个带球顶的铁钉,俗称橹人头。在橹的中间部位钉一硬木块,称为橹垫,也称为橹脐,使用时将橹脐置于橹支钮上,这就构成一个球面运动:橹相对于支点橹支钮具有三向约束,但却对三轴具有三个旋转自由度。橹柄的顶端用橹索系在甲板上的铁环上。橹索,一是起固定橹的作用,二是可以伸缩其长度来调节橹板的入水深度(见图6-9)。

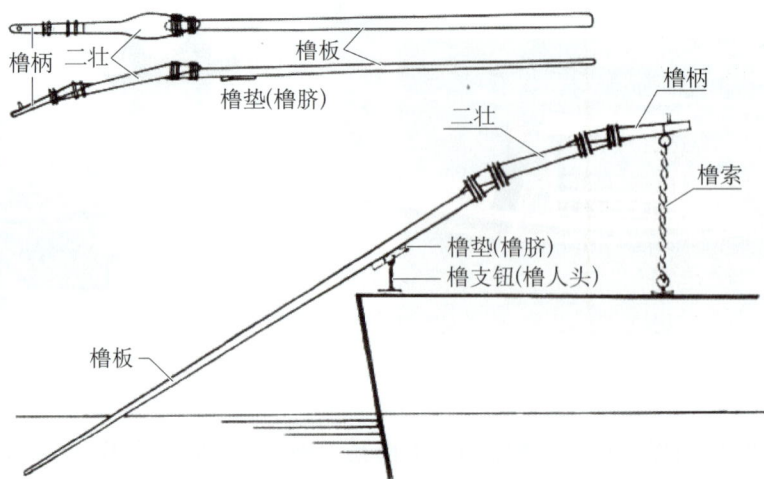

图6-9 橹的构造与布置

橹用得最多的是装置在船尾端近右侧或左侧的艄橹(见图6-10)。

图6-10 摇艄橹

橹出现的年代当不迟于2 000年前的汉代。《释名·释船》说:"在旁曰橹。橹,膂也。用膂力然后舟行也。"在旁,指橹的安装与操作位置。此应为腰橹。橹,起初是设在船的两舷的。为使橹更好地纵向布置,常见在甲板上横设一块短木板,其一端伸出舷外作为操橹平台,称为橹跳(见图6-11)。

图6-11 摇腰橹

6.2.2 摇橹

橹的操作称为摇橹,是摆动橹柄使橹叶在水中沿一定的弧段左右摆动,以推动木帆船前进的操作。先将橹垫的球形膛套住橹支钮,橹柄通过一定长度的橹索与甲板相连,梢橹的橹叶从船尾斜伸入水中,腰橹、头橹的橹叶从舷侧斜伸入水中,视船的大小、空载或重载以及水流情况,有一人或多人站在橹柄的一侧或对站两侧,手摇橹柄操作。琵琶橹还需配合摇橹动作推拉橹索。腰橹、头橹如果是多人对摇,外侧的船工须站在伸出舷外的橹跳上。

当向左摆动橹柄时,水中橹叶向右移动,同时由于橹支钮和橹索的作用,橹叶会顺时针方向转动一定的角度;反之,当橹叶向右移到一定距离,转而向右摆动橹柄,使橹叶向左移动时,橹叶会逆时针方向转动一定的角度。这样来回摆动的夹角在50°以内,转动角可达120°,两者配合,使橹叶的两面发生水压差异而产生升力,从而产生推力和扭力,通过桨桩橹支钮传递到船体,推船前进,如果摇橹时适当调整橹叶角度,使船产生横向推力,就能转变航向。此力使船前进。

摇橹时,橹以橹支钮为支点不仅可以充分转动,还可以调整橹板滑水时的攻角,既省力又具有较大推力,也可以调节橹与船舶中线面的角度,从而操纵和控制船舶的航向。

如果从流体力学的角度分析的话,橹的作用和产生的推进力是水对滑动的橹板的升力(见图6-12)。

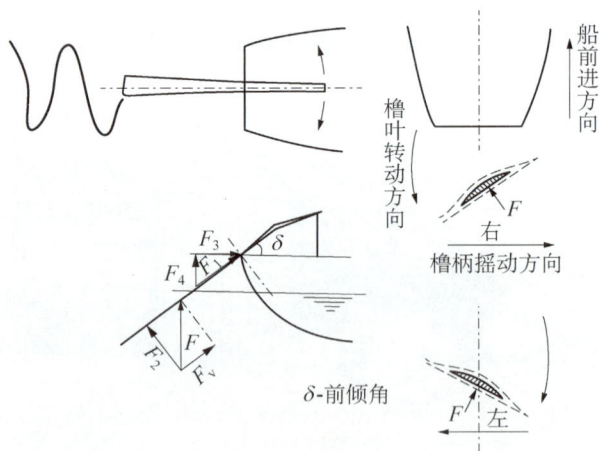

图6-12 摇橹示意图

6.2.3 橹的科学性

摇橹是左右连续摇动,橹叶不用出水面,相当于连续地荡桨,从而提高推进效率,这是橹优于桨的关键,摇橹的技术精华在于"摇"的操橹动作。

《释名·释船》说:"在旁曰橹。橹,膂也。用膂力然后舟行也。"膂作脊梁骨解,用膂力则意味着以腰部为主并带动全身的力气以推动舟船前进。

作为船舶推进工具的使用,划桨比撑篙具有显著的优越性,这是指划桨可以在远离岸边的深水区域中进行。划桨,是靠水的反作用力推船前进的。但桨在划动时,桨叶入水做功一次后,则要离开水面为第二次入水做功做准备,是间歇做功。对舟船来说,划桨是间歇推进。橹则可以左右连续不断地摇,从而不间歇地连续做功。橹对舟船是连续推进,这在推进工具中是一次根本性的进步。

橹与桨相比较有更高的效率,这是它的另一大优点。橹与长桨(或称为棹)虽然都较长,且都必须有一个支点,但在使用效率上却显著不同。"纵曰橹,横曰棹",棹是横向布置,前后划动,利用划水产生的反作用力推船前进;橹是纵向布置,左右摇动橹柄,橹板则在水中以较小的攻角左右滑动。橹板滑动时很省力,但却能产生较大的升力推船前进,这是橹被称为高效推进器的根本原因。故有"一橹抵三桨"之说。

橹,是中国对世界造船技术的重大贡献之一。橹效率高的特点,是由于橹在水中以较小的攻角滑动时,所受阻力小而升力大,再加上橹是连续性推进工具,而且有操纵船舶回转的功能,因此直到现在仍被科技史学者所称道。现代广为应用的螺旋桨推进器,它的不间歇做旋转运动的叶片,实际上与在水中滑动的橹板相似。桨叶的叶片面具有阻力小而升力大的特点和优点。螺旋桨的发明和改进,虽不能说源于橹,但其作用原理是一致的。

橹是船舶推进工具中一件带有突破性的重大发明,从功能上看相当于叶面积较小的可操纵的单叶螺旋桨推进器。

6.3　篙和纤

6.3.1　篙

篙是撑船的竹竿或木杆,也可靠钩拉或支撑其他物件使船获取前进力。篙身为顺直的杉木圆条或竹子,长5～10米不等,通常在下段包上铁制篙钻。竹篙轻而有弹性,但容易晒裂,平时宜放置在隐蔽处;木篙能承受较大的支撑力,不易破裂,但弹性不如竹篙,不易翘板。按篙钻形状和用途的不同,一般分为挽篙、独钻篙、叉篙、钩篙和桡板篙等(见图6-13)。

挽篙是使用最为普遍的船篙,既能提供支撑力,也能提供钩拉力,因此在泥

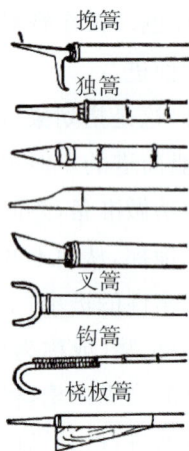

挽篙
独篙
叉篙
钩篙
桡板篙

图 6-13　各种篙子

沙底航道撑船前进，又能勾住或支撑邻船或岸边物体或桥梁构件使船行进。钩篙俗称爪钩，在山区航道逆流航行时用它钩住岸边物体拉船前进。叉篙适合于淤泥底航道，撑船时篙头不致深陷而难以拔起，又能用于叉向邻船舷边或岸边使船前进。当船驶风时一旦出现帆脚索纠缠情况，可用它来理顺。独篙下段的篙钻，普遍使用的是方体锥尖，也有三角锥尖及刀形钻尖。有的在篙的上端装有拐头，以便肩部顶撑，故称为拐头篙。桡板篙是在篙钻上方装置一块桡板的木杆独钻篙，上端有拐头。桡板呈直角三角形，直角长边与篙身镶接，撑船时，桡板朝上，略起舵的作用。当在船尾斜向撑篙时，桡板与船的纵中线必将有一定的夹角，致使船舶转变航向。

撑篙是将篙插到水底，对篙轴向用力使船前进的操作方式。船工面对船首或船尾，将篙钻斜插到水底，身体前倾，胸侧或肩胛抵住篙端，双脚踩住甲板，向前用力，便可向前走动，使船借反作用力做纵向横向运动。第一篙撑完后，拖篙返回原处再撑第二篙。撑篙一般是在一舷或分两舷多篙同时进行，协同作业。撑篙时要防止卡尖、断篙和带人落水的情况发生。山区急流撑篙还有后撑操作法：将篙钻斜插到水底后，转身面对篙端，篙身贴近腰侧，身体后倾，屈腿，双手持篙向后用力，随着船的运动，双手交替一把把地移向篙的顶端。

实际上篙不仅是推进工具还具有对船的操作功能。

宋代《江天楼阁图》上有一艘内河客船，两名船工正在左舷边外伸甲板上朝船尾行进撑篙，显示了撑篙的操作形态，当然右舷的船工在图上是看不见的（见图 6-14）。在著名的《清明上河图》上也可见到船篙的使用。

图 6-14　宋代《江天楼阁图》上的一艘内河客船

中国木帆船

6.3.2 纤

纤也称纤绳,它是用人力牵引木帆船航行的绳索。一般采用篾缆或麻绳、棉纱绳,现在也有用尼龙绳的,每船配备两三根,粗细不等,长数十米,根据拉纤人数的多少而选用。纤绳的一端通过卡花与引纤绳或冲子系连,引纤绳套在桅顶滑车上。另一端牵到岸上的纤工肩上套背纤板或纤带,纤工的人力通过纤绳传递到桅顶使船得以克服水阻力航行(见图6-15)。

图6-15 《清明上河图》上的一艘拉纤上行图

7 操纵工具

中国木帆船的操纵工具除了船舵外还包括招、梢、拨水板、插水板等,船舵是最主要的操纵工具。

图 7-1 福州造广东出航船的船尾部分图

舵,是控制航向并保证船舶操纵灵活性的重要属具。木船船舵的舵叶面也称为舵叶或舵板。图 7-1 为《唐船之图》中一幅福州造广东出航船的船尾部分。

船舵安装在船尾正中的位置,一般由舵柄、舵柱(也称舵杆)和舵叶组成。

舵柱又称为舵杆、舵筒,是连接舵柄和舵叶的构件。舵柱用圆柱形直顺的优质杂木制成,尺度视船的大小而异。上部开有插入舵柄的方孔,有的顺列两孔,以便升降舵时调整舵柄位置,下部与舵叶连成一体。舵柱通过舵面梁纵中线处装置在上、下舵盘上。不平衡舵一般为后倾式,即舵柱顺船尾搪浪板斜插下去。有的航海木帆船舵柱后倾角达 45°。

在南京出土了不少舵杆,前后有舵杆长度为 11.07 米、10.06 米、10.925 米

中国木帆船

90

等的大型舵杆出土。1957 年出土了一根长 11.07 米的大型舵杆,现收藏在中国国家博物馆(见图 7 - 2)。

图 7 - 2　1957 年南京出土的舵杆长 11.07 米的大型舵杆

舵柄又称为舵牙棒,是舵的操纵杆,由硬质杂木圆条制成,后端削成方形,供插入舵柱上的舵柄孔,并用销固定,前端为操舵处,装有八角短桩或开有孔或槽,供系结帆脚索和舵缆用。所谓舵缆是穿过舵柄前端眼孔,用于辅助操舵的一根长粗的麻缆绳。将舵缆一端固定在舵侧某一舷上,另一端穿过舵柄眼孔回到舷侧,穿过滑车,木帆船驶风时,由舵工操纵。这样不仅使操舵省力,必要时还可以将舵缆绕结在舵柄上,固定舵角(见图 7 - 3)。

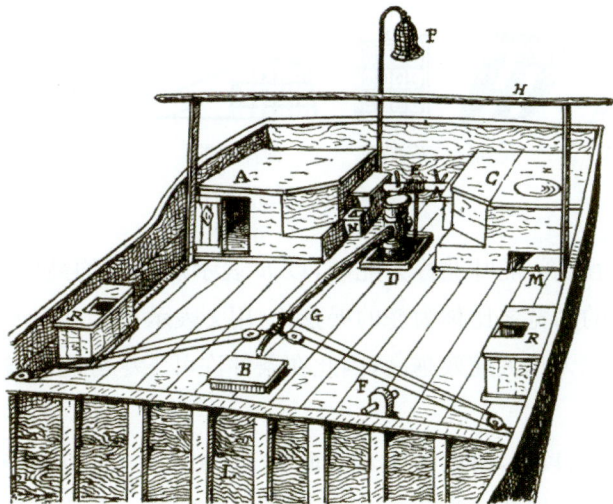

图 7 - 3　广船的舵柄滑车组和舵叶升降绞车

舵柄与舵柱的夹角,垂直式舵柱为 90°～120°,后倾式舵柱小于 90°。

横式舵柄是利用杠杆原理,舵柄越长,操舵越省力,但其长度受船尾操舵空间大小的限制。

舵叶又称为舵扇、舵板。通常用厚杉木板拼制,并在板的两侧夹一两道加强横木,有些舵叶还在顶边、底边或四周用木条镶边。

当木帆船航行时推动舵柄,带动舵柱转动舵叶,舵叶面与船中纵线剖面形成夹角,称为舵角,此时水流作用在舵叶上产生舵压力,使船产生回转效应。舵力的大小与一定范围内的舵角大小、舵叶的浸水面积大小和船速的平方成正比。木帆船最大有效舵角一般不大于50°,长方形舵可达60°,顺水或驶风快速时不宜超过35°。在船向与流向有夹角时,或在驶偏风、撑篙、拉纤、划桨、摇橹等操作,两舷受力不平衡时,要随时调整舵角。

所谓正舵就是舵柄和舵叶处在船的纵中线上的状态,此时舵角为零,舵叶两边所受水流压力相等,航向稳定。

舵的型式多样,有海船舵、河船舵,根据船尾形状的不同又会出现各种形式的船舵,现列出5种不同船型的舵叶,如图7-4所示。

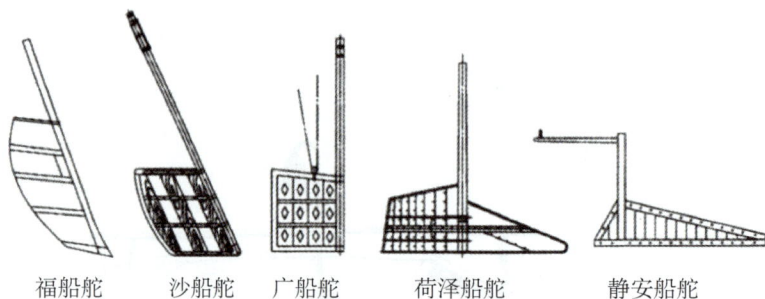

福船舵　　沙船舵　　广船舵　　荷泽船舵　　静安船舵

图7-4　5种不同船型的舵叶

舵叶高称为舵展,舵叶宽称为舵舷,以 h 表示舵的平均高度,b 表示舵的平均宽度,则舵叶的高宽之比称为舵的展弦比,用 λ 表示,即 $\lambda = h/b$。理论和实践告诉我们,展弦比 λ 越大舵效越高,因此在条件许可下尽可能地增大展弦比是有利的。

福船舵因吃水较深,所以在一定舵面积下,取较大的舵展和较小的舵舷,舵的展弦比较大,通常展弦比为3.0上下,显然舵效较高。而沙船和广船虽与福船一样多为不平衡舵,但它们往往受吃水的限制而且对操纵的要求相对来说比较高,对应要求舵面积也比较大,所以舵叶的展弦比只能取得比较小,一般接近1.0左右。

内河船尤其浅水航道船受吃水的限制更大,它们舵的展弦比就很小,通常为

1.0以下。

7.2.1 平衡舵

船舵类同于风帆的平衡帆和不平衡帆，船舵也有平衡舵和不平衡舵。船舵以舵杆为分界线，若舵叶面全部在舵杆之后，则称为不平衡舵；若有部分舵叶面移到舵杆前面就成了平衡舵，正因为平衡舵的舵杆前有一块舵叶面，对水压力能起一定的平衡作用，这样就能够减小舵面的转动力矩，使操作灵活轻便。显然不平衡舵转舵操作就会比较费力，但是舵叶的复位比较稳定，不像平衡舵容易转动需要随时操舵来保持需要的舵角。

舵杆前面的舵叶面积A_p与舵叶总面积A_R的比值用百分比表征了平衡程度的大小，称为舵的平衡系数K，即$K = A_p/A_R$。当$K = 0$，为不平衡舵；当$K = 0.5$，即是舵杆前后舵叶面积相等，那么就是全平衡舵了。

理论上说如果不计舵杆的转动摩擦力，全平衡舵的舵叶面只要受到极其微小的水力作用，此时舵就会不由自主地转动起来，那么全平衡舵在实用上并不可取。平衡舵介于不平衡和全平衡之间，它是根据实际使用需要，合理评估，综合决定取两者之优而用的。

内河船为适应弯曲航道的操作，需要较大的舵面积，但同时又会受到水深较浅的限制使得船的吃水相对较小，舵的展弦比往往比较小，若用不平衡舵，它的转舵力矩势必会很大，若采用平衡舵的话问题就得到了很好的解决，所以内河船的舵常见为平衡舵。

平衡舵在舵杆前面的舵叶面可以利用船尾船底线的起翘而腾出来的空间得到巧妙的、有效的布置。1978年6月，在天津静海县出土了一艘宋代沉船并见有一具较为完整的平衡舵（见图7-5(a)）。静海宋船舵虽然有平衡舵的形式，但因船尾形状的限制，舵杆前边的舵叶面积很小，平衡系数只有0.128，它的转舵还是十分费力的。虽然此种平衡舵只有象征性的意义，但它却是迄今世界上发现的最古老的平衡舵。

菏泽元船舵的平衡系数很高，为0.355，是真正意义上的平衡舵。

図 7 - 5(a)　天津静海北宋船船尾的平衡舵

　　中国先进的平衡舵在北宋的著名画作《清明上河图》里得到了充分的展示（见图 7 - 5(b)），古代画作图像和出土实物印证了中国古船在北宋时期就出现了平衡舵，并得到了广泛的应用。

图 7 - 5(b)　《清明上河图》局部显示平衡舵和悬舵索

7.2.2　升降舵

　　中国的升降舵是指船尾舵可以按照使用的需要随时升降。降舵，就是将大部分的舵叶面伸到船底之下，升舵，就是提升舵的叶面。当船航行在深水区域时通过降舵，不仅扩大了舵的浸水面积，从而使尾板舵的舵面的流态得到改善，继而使舵叶面大部分舵效得到了很大的提高。当船进入浅水区时，需将舵提起来，以免伸出船底的舵叶面擦水底而受到损坏。

　　舵的升降是靠悬舵索和绞关进行的，悬舵索也就是升降舵的吊索，它的一端盘绕在船尾的绞滚上，另一端穿过悬吊滑轮后栓于舵叶上缘或舵柱顶端的孔内，用扳动扳柄转动滚筒来收紧或放松悬舵索,达到升、降舵的目的。

在《清明上河图》上的船多见升降舵(见图 7－5(b)),它的悬舵索清晰可见。

7.2.3 勒舵索

当升降舵降落伸出船底时,为了克服升降舵舵杆悬臂太长的不足,以勒舵索拖拽舵杆下端部的技术也就应运而生。勒舵索又称舵筋,它是用于牵制舵的一根棕绳。它的一端系在舵柱下部,沿船底两外侧拉至船首并系结在首部构件上,正如史籍上所说的“自舵系起,从底而至船头以牵舵”。这样的勒舵索起什么作用? 勒舵索的一端系于船首,另一端系于舵的下端,简而言之,它的作用就是“以牵舵,使不洩出”。

勒舵索在明代后期海船上已使用得相当普遍。清代称勒肚为勒舵。勒肚的称谓可能是取勒舵索是从船底(船肚)而过之意;而勒舵的称谓可能是勒舵索牵(勒)舵的作用表达。勒肚的形象和描述在古籍史料中也是屡见不鲜。日本平户松浦史料博物馆所藏存的《唐船之图》中有 11 幅中国清代帆船,除属沙船型的南京船外,船图上的其余 10 艘船无一例外地都绘出了勒肚,现仅选取其中的一艘厦门船图,从图上可以清楚地看到它的勒舵索(见图 7－6)。

图 7－6 《唐船之图》中的厦门船

安装在尾搪浪板(艉封板)的纵中线处上、下舵盘上的舵杆,当船在深水中航行时为求舵效,升降舵就要下降伸出船底很多,此时舵成为悬挂舵,舵降得越下,舵杆的悬臂就越长,从技术上来看,舵杆受力状态也就越差。此时舵杆只有上、下两个舵钮的支撑点受力,处于悬臂梁受力状态的舵杆,在舵的使用中,舵杆必然会对上、下的舵钮分别产生向前和向后的作用力,使得舵杆在舵钮处被卡住而有碍转动,有时甚至被卡死,此力过大也会使舵钮的结构受到损坏,需要通过调节勒肚的松紧加以调控;另外,用勒肚的设置就相当于在悬挂舵的下端设立了一个柔性的软支点,这对改善舵的受力和减少航行中产生舵的摆动无疑是非常有效的,这是我国古代船匠聪明才智的又一例证。

图 7-7(a)　出土古舵

展于上海中国航海博物馆的一具基本完整的出土古代海船木舵(见图7-7(a)),舵杆粗大坚实,舵叶完整厚实,舵杆残高7.05米,是一具古代海船广泛采用的不平衡舵。

这具珍贵的木舵是渔民在长江口牛皮礁海域捕鱼作业时,渔网无意钩着的。在出土古舵的舵杆下端有一个直径约为50毫米的勒肚孔,在舵叶上方靠近舵杆处有直径为110毫米的吊舵孔,这两个小孔使得古文献对勒肚索的记载得到了强有力的实物佐证,有着极高的文物研究价值。

宁海古船收藏家收藏了一具宁海出土的船舵,被称为宁海舵(见图7-7(b))。该舵舵杆长为3.4米,通径 Φ 为420毫米,舵叶高度×舵叶宽度为4.06米×2.3米,舵叶的有效面积为8.07平方米。舵展弦比为1.765。铁箍密布,铁木浑然一体。为保证舵杆的强度,整个舵杆从上至下,多达34道铁箍,将舵叶与舵杆箍为一体。宁海

图 7-7(b)　出土的宁海沙船舵

舵被认定为沙船船舵,它为船舵和沙船的研究提供了十分珍贵的实物资料。

7.2.4　开孔舵

开孔舵是在舵面上打了许多孔的船舵,它可以有效地减小操舵时的转舵

力矩,从而使转舵操作省力,而对舵效影响甚小。开孔舵在作为古代四大船型之一的广船上被普遍地运用,舵孔多呈菱形。建造于19世纪中叶、现已在珠海沉没的一艘名叫"金华兴号"的广船,它的开孔舵(见图7-8)具有一定的典型性。

图7-8 "金华兴号"的开孔舵

1) 开孔舵操舵能省力

由于开孔舵在舵叶上打上了一系列穿通舵叶的孔洞,因此转舵时有一部分水流能从舵叶的一侧流向另一侧,致使转舵扭矩大为降低,而对舵效的影响却甚微,开孔舵称得上是一件别具匠心的发明,至今还偶见使用,作为中国古船先进技术之一,开孔舵被引入西方,引起外国船史学者的极大好奇和兴趣:舵叶面开了孔,必然会减少舵面积,势必有损于舵效,但实际上,在舵叶面上适当开孔既能使操舵省力而且对舵效的影响不大,其道理何在?

当航行船舶操舵时,在转舵过程中,舵杆带着舵叶面绕舵杆轴线转动,舵叶面上受到一个流速为V_b的由船首流向船尾的水流和一个流速为V_c的垂直于舵面的水流,其合成水流的流速为V_a。流速V_b的大小取决于船速,而流速V_c的大小取决于转舵角速度ω与距舵杆转轴中心线距离r的乘积,即$V_c=\omega r$,此时合成流速V_a对的舵叶面的合成攻角为α,可见,ω和V_b的大小决定合成攻角α的大小(见图7-9)。显然,合成攻角α越大则合成水流对舵叶面的垂直度越大,水流通孔效果越佳,操舵就越省力。

操舵过程中,在不同舵角下的转舵角速度是不同的,以致合成攻角α也随之发生改变。很显然合成攻角α的大小直接反映了合成水流对舵叶面的垂直度大小,当$\alpha=90°$时,则水流垂直于舵叶面;当$\alpha=0°$时,则水流沿舵叶面由前向后流

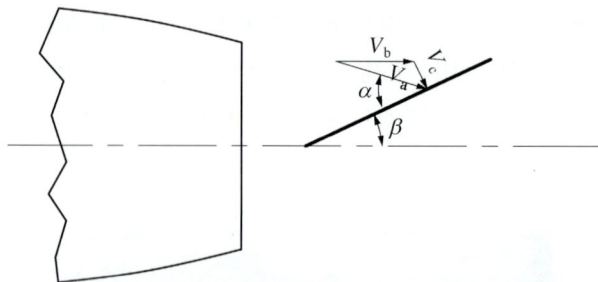

图 7 - 9　船尾舵操舵时的舵叶面水流示意图

动。因为操舵至终止舵角 β 时的转舵速度 $\omega r = 0$，则 $\alpha = \beta$，即此时的合成水流对舵面的垂直度最小，显然，航船正舵时 $\alpha = 0$，即是合成水流对舵面的垂直度为零。

航船的操舵主要有转舵和稳舵两种情况，众所周知，在转舵时总希望舵力小一些，而在稳舵时总希望舵力大一些，对此，开孔舵能很科学地满足这样的愿望，由前面的分析可以做出解释。

操舵的转舵速度越快，α 角就越接近 $90°$，水流通孔效果越佳，这相当于舵面积减少效果越大，从而操舵省力就越明显。这就是开孔舵操舵省力的机理所在。

所谓稳舵，是指在操舵时将舵转到所要求的舵位，稳住舵角不再转动，舵叶转动速度就为零，那么合成水流流速 V_a 就是流速 V_b 了，合成水流攻角 α 显然变小，直到刚好与舵角 β 相等。这与转舵情况相比，它的合成水流攻角为最小，因此水流流通开孔的效果变差，也就是说开孔对减小舵力的影响减弱，这正是开孔舵在稳舵时对船舵舵效影响不大的道理。舵角 β 越小这种效果越明显，当正舵，即当舵角 β 为零时稳舵，舵叶面两侧的压力相等，开孔中已无流通水流，开孔舵对舵效的不利影响在理论上已经不存在了。

通过以上讨论，对开孔舵可降低转舵力矩，而对稳舵舵效的影响甚微的机理做出了定性的解释。

2）开孔舵多见于广船舵

因叶面开孔的开孔舵会有损舵面积，降低舵力，也不利于舵叶的整体强度，而开孔舵可以操舵省力，那么在转舵费劲的和需频繁操舵的船舵上就适宜采用开孔舵。所以开孔舵往往会出现在相对舵面积较大的、舵的展舷比较小的和不平衡舵上。相对舵面积大的舵，它的转舵力矩也相对大，这是很好理解的；在相同舵面积下，小展弦比舵相对于大展弦比舵来说，其舵的水压力中心离开舵杆中心线的距离就大,它的转舵力矩也大;另外,不平衡舵相对平衡舵而言,其舵面的水压力中心离舵杆中心线的距离要大得多,同样要求转舵力矩也就大得多。在需要频繁操舵的船上,为减小操舵的劳累,采用开孔舵确会是一种不错的选择。

被称为广船的广东地区海船多航行于多礁水域和江海之间,对操作性要求较高,相对舵面积通常较大,另外,因受珠江内河航道水深的限制吃水不能过大,使得舵的展弦比通常较小;广东沿海及南海水域多礁,为避礁必当频繁操舵;加上广船普遍采用的是不平衡舵,因此,为解决广船船舵操舵力矩过大的技术问题,在广船船舵上开孔就较为常见了。

广东著名的"红头船"都是采用开孔舵(见图7-10(a)),香港帆船、海南帆船和澳门船上也见有开孔舵,流失在比利时的中国清代广船船模中也显见开孔舵(见图7-10(b)),开孔舵被认为是广船的特征之一不无道理。

图 7－10(a)　广东"红头船"的开孔舵

图 7－10(b)　比利时 MAS 博物馆收藏的清代广船船模

舵叶开孔的形状有菱形和圆形,最为常见的是竖立菱形开孔,西方学者称其为钻石形孔,这较多地是出于舵叶板面的结构和施工工艺的考虑。

在近代船上还曾见有过在人力操舵的钢质平板舵上开孔的,既然开孔舵如此神奇,为何在现代船舶上难以找到呢?为什么开孔舵会退出历史舞台?其最主要的原因是近代船舶操舵采用了动力舵机,比较容易满足航行船舶对操舵力矩的要求。即使采用人力舵机,其机械传动比直接操纵舵杆省劲多了,更何况在近代船舶普遍采用的钢制流线型舵的厚度比木质平板舵要大得多,在钢制流线型舵上开孔的制作工艺烦琐,所以当机械舵机和流线型舵出现后,开孔舵必然会逐渐退出历史舞台。

船尾舵是中国古代造船技术的最重要发明之一,它的发展历程和技术形态表明了古代航海技术的高超成就,对世界造船、航海事业产生了重大影响。

7.3 中国的尾板舵与西洋的尾柱舵

由于中国和西洋木帆船的尾型不同,因此船尾舵在船尾的安装部位和结构型式也各不相同。西洋的船尾舵安装在尾柱上,称为尾柱舵,而中国的船尾舵一般安装在船尾封板之后,对应于尾柱舵,故称其为尾板舵,尾板舵和尾柱舵各具特色。

中国木帆船相对西洋木帆船而言,它的船尾一般比较肥大,船尾端设有平面的尾封板(古称尾搪浪板),中国尾板舵的舵杆通常是安装在尾封板之后,这是很自然不过的事情,因为这种船尾结构为在船尾设置船舵提供了安装条件,通常在尾封板上安装两个舵钮,舵杆穿过舵钮孔,舵叶可以绕着舵杆做轴向转动,产生的舵力经过舵杆再通过舵钮传递给尾封板而作用于船尾,产生转船力矩。

细观西洋木帆船的船尾,通常特别狭小,不仅船尾端的水线面比较尖瘦,而且船底线呈弧线升起,这样的船尾结构就不太适合安装船尾舵,这大概就是西洋木帆船不得不长期使用尾侧拖桨(长操纵桨)且产生船尾舵很晚的重要原因。

可能受到中国将尾板舵设置在船尾端中心线上优于在船尾左右各设一把拖桨(长操纵桨)的启发,西洋帆船也思索着在船尾端中心线上置舵,走上了改造船尾型的发展途径。将尾侧面的圆弧形船底线改造成具有竖直的或具有较小斜度的直线,给舵杆造就一个直线形的支撑结构,由此产生了船的尾柱结构。在船的尾柱上安装船尾舵形成尾柱舵。由于有的木帆船的尾部船底线往往弯曲上翘甚大，设置尾柱困难，就产生了在船尾部中纵面上特置一块被称为呆木的平板结构，其下缘与船底持平，它的直线型后缘就成了尾柱，北欧柯克（COG）船就在船尾呆木后缘装有尾柱舵（见图7-11）。

图7-11 北欧柯克船尾柱舵

在尾柱上有若干具有销孔的舵钮，它与舵叶前缘的舵销相对应，舵销插入销孔，舵叶与尾柱之间形成如同门的铰链一样的铰接结构，舵叶可绕舵销中心线轴向转动。舵置于尾柱，舵叶做铰链式轴转动是西洋尾柱舵的结构特征。

中国尾板舵装在船尾端横向板面（尾封板）的后面，而西洋尾柱舵装在船尾端纵向板面（呆板）的板面后边缘上，即中、西船尾舵的安装板面不仅有横纵方向的不同，还有装在板面上的和板面后边缘的位置区别。中、西船尾舵各具特色，主要体现在下列方面：

第一，船尾狭尖的水线面使尾柱舵前的水流平顺，有利于舵效的提高，有呆木的尾柱舵更是如此，这是尾板舵存在涡旋乱流所不及的。中国的尾板舵为改善舵面的流态，使用升降舵在深水航域将舵面大部分伸至船底之下，舵效得到了很大的补充。

第二，尾柱舵的铰接结构非常坚固，中国尾板舵需要对尾封板做结构加强。

第三，尾柱舵的结构原因以致它是不平衡舵，直到后来配合船尾安装螺旋桨推进器的需要出现了具尾框架的尾柱，然后才有平衡舵的产生。

第四，狭长的尾柱舵，其舵面积小，而尾板舵却显得短宽，舵面积相对较大，由于西洋船的设计较为瘦长而且帆面积很大，所以船速较高，这可能与西洋船以追求快速为主而中国船以追求稳性为主的不同设计思路有关。船速相对较高的船对舵面积的需求就可小些,因为高船速下的舵效会高。另外,狭长型的尾柱舵要比短宽型的尾板舵的展舷比大,这也有利于提高舵效。

在清代康熙五十八年(公元1719年),徐葆光奉使琉球的两艘册封船采用西洋造法制作尾柱舵,就目前所知,它是中国使用尾柱舵的最早记载,而这可能是学用尾柱舵的一种尝试。根据中国木帆船具有尾封板的宽大的尾型特点,所设置尾板舵往往在船尾还配置使用长橹,此举能灵活地满足船舶操纵的需要。所以中国尾板舵自出现以来,一直在中国船尾舵发展史上占据着主导地位,直到近代的机械动力船上才较多地采用尾柱舵。

7.4　中国船舵技术发展简史

广州出土的东汉陶船模(见图7-12)的尾部有一具以短宽形状的舵叶面、短的舵柄和绕点转动为特征的船尾操纵工具。舵叶绕点转动,是一具典型的拖舵。

在唐代开元年间(公元739—740年)在郑虔的一幅山水画中显示了一具叶面垂直于水面可绕轴转动的船尾舵图像(见图7-13),这是真正意义上的船尾舵。这证明了中国出现船尾舵的最早年限是唐代,而中国拖舵的出现更早,是在东汉或以前。

图7-12　广州东汉陶船模上的拖舵

图7-13　唐代郑虔山水画中的转轴舵

到了宋代,内河船上开始出现在舵杆前面也有舵叶的平衡舵。天津静海出土的宋代运粮船就有这样的平衡舵(见图7-5(a))。北宋著名画作《清明上河图》中的船都是用平衡舵(见图7-5(b))。当时在西方还没有使用船尾舵。

西方船的尾柱舵是转轴舵,它最早出现在公元1242年,这在德国埃尔滨城的徽记上得到印证(见图7-14)。

如果从东汉出现拖舵算起,中国发明和实际使用船尾舵的时间较西方要早一千多年。如果从唐代开元年间开始使用轴舵算起,中国较西方也要早五六百年,到了宋代,船尾舵已经得到了广泛的应用。而西方直至13世纪才开始使用尾柱舵,此时中国早已使用升降舵、平衡舵技术。

图7-14 带有尾舵的德国爱尔滨城的徽记

中国船尾舵是中国古代造船技术最重要的发明之一,它对世界造船、航海事业的贡献不言而喻。中国船尾舵在船舶技术史上曾独占鳌头。李约瑟对于中国发明的船尾舵及其对全世界的贡献给予过充分肯定,美国著名科技史学者坦布尔也在其著作《中国:发明与发现的国度》中写道:"如果没有从中国引进船尾舵、罗盘、多重桅杆等改进航海和导航的技术,欧洲绝不会有导致地理大发现的航行,哥伦布也不可能远航到美洲"。

7.5 招、梢、披水板、插水板

木帆船航向的操纵工具除了舵外,还有特殊的操作工具,如招、梢、披水板、插水板等。实际上,风帆、船桨、橹亦具有操纵功能,只是它们的功能是以推进为主。

7.5.1 招和梢

当舵叶面上流速很低或没有水流速度时,舵力就很小甚至没有舵力,即舵失灵了,例如船在顺水流航道航行时舵就很难发挥操纵作用,此时需用招和梢来操纵船舶。

招是木帆船装置在船首配合尾舵或尾梢来掌握航向的工具,用于急流航道中顺流航行。招虽形似桨、橹却尺度较大,用整根木料为招身,下部镶接木板成大刀形招叶,上部略弯曲,中部装贴小木块为招垫,是扳招时的支点。由于招的尺度较大,扳招时效应也大,故船工有"一招顶三舵"之说。按招的材质分为木招和竹招两种,招叶多为长方形,用木板或篾编成(见图7-15)。

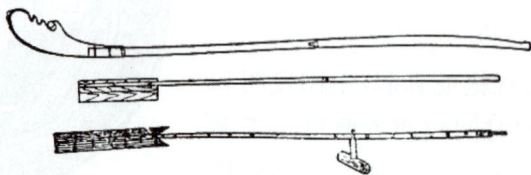

图 7-15 招

梢是用在山区支流木帆船,装置在船尾或船首掌握航向的工具。形状、制作方法、功能与招类似,作用同舵。(见图7-16)大体上船首用招以助舵,船尾用梢以代舵,故有"前招后梢"的说法,但实际上可以通用,有的地方用于船首的也称梢。

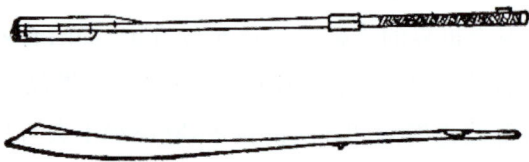

图 7-16 梢

7.5.2 披水板

披水板常见于沙船,是木帆船的驶风辅助工具,其主要功能是减小或阻止船体横向漂移,即具有抗漂的能力。

披水板是不等边长方形的硬杂木厚板,上窄下略宽,长度约与宽度相等。平时悬挂在船中部主桅附近的两舷侧各一块,也有设置各两块的,一般用拉索升降。驶偏风时将下风舷的披水板提放到水中,起到抗漂作用。活跃在长江和长江口以北海域的沙船因其船型底平、宽扁极易漂移,所以普遍使用披水板。清代《唐船之图》中一幅"南京船"的两侧见有披水板(见图7-17)。

7.5.3 插水板

插水板也是木帆船的驶风辅助工具,它与披水板类同,对船具有抗漂作用。插水板有中插板和首插水板两种。

图 7-17　清代南京船图

1）中插板

中插板又称底插水板，它是木帆船驶风的一种辅助装置。广船之一的七艕船船模照上清楚地显示了中插板（见图 7-18），在海南临高船的结构图上也呈现有较大前倾的中插板（见图 7-19）。

图 7-18　七艕船船模显示的中插板

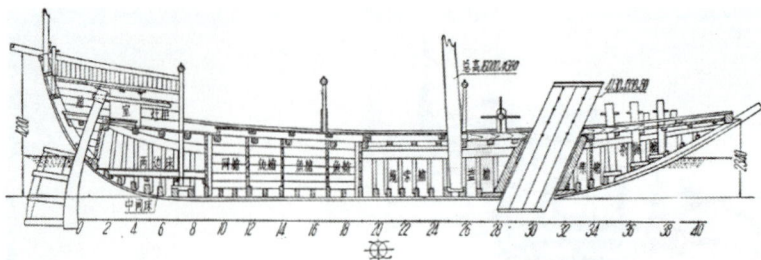

图 7-19　临高拖风船中纵剖面结构图样

　　中插板是一块长方形厚木板,上端纵向排列三四个穿孔,供插木销以固定板的各种位置。它在主桅前方的纵中线处,设一个垂直贯穿甲板与船底的纵向长方形围孔,孔的长度与宽度略大于插水板,孔壁是水密的,插板置于围孔内,由甲板上的绞车控制其升降。

　　当船驶风产生横向力时,可把插板降至船底以下,使船底下增加一块水下侧面积,这无疑增加了船舶横向移动的阻力,使船驶风时减少船舶横向漂移,也就是通常所说的中插板具有抗漂作用。

　　在逆风航行时,用它和船舵一起配合风帆进行打戗操作,船做"之"字形航进。中插板是广船的技术特色之一,它同沙船两舷的披水板有异曲同工的效果。中插板除能抗漂外,还有利于减小船舶的横向摇摆幅度,一举两得。

2)首插水板

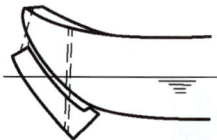

图 7-20　首插水板图

　　珠江流域某些木帆船有一种被称为首插水板的驶风辅助装置,首插板平时置于船首上,在前搪浪板外面的中线处纵向安装两根条木,中间做成槽型状。驶风需抗漂时,将首插板由头沿槽放下,上端由拉索拉住。另在船首尖舱隔舱板前面用两根斜杆通过穿孔插入水中夹住以固定插板位置(见图 7-20)。

7.6　打戗技术

　　航船遇到顶头风时单靠风帆是无法向前航行的。北宋的《宣和奉使高丽图经》有"然风有八面,唯当头风不可行"的明确记载。表明最迟在北宋时期,中国还不会航驶当头风,只好逆(风)来忍受了。

　　"唯当头风不可行"的问题直到明代才得以解决,实现了能"八面受风"航行。

成书于明代天启元年(公元 1621 年),由茅元仪所撰的《武备志》记有"沙船能调戗使斗风",这是驶当头风技术的最早记载。

中国帆船航驶当头风是靠中国船工创造的"打戗"(又称"调戗")驶风技术来实现的。

所谓打戗是木帆船逆风扬帆行驶的一种操纵技术。打戗是通过风帆、船舵和披水板或中插板的配合驶风的驾船技术,就是通常所说的船做"之"(或称"Z")字形的航行技术,帆船行"之"字形航线靠操纵船首左右连续转向来实现的。因为"之"字形航行使航向与风向之间有较大的夹角,通过操纵风帆面使它处于风向和航向组成的夹角平分线上,从而获得一定的推进风力。当风角大于135°时,因为相对顺风来说,它的风力和航速很小,所以只得打戗驶风了。

逆风中驶风时,顺航向取曲折航线,以减小风角,尽可能地利用风力前进。"戗"即斜行之意。沙船打戗的操作方法大体是船头向左或向右偏斜前进,使用最有利的帆角,并略推下风舵和放下风舷披水板,当航行到一定距离或近航道边缘时,快速地加大下风舵角,挂有头帆的同时放松头帆脚索,使船以大角度迎风转到另一方向斜行,下风舷与上风舷互易,帆也随着迎风面的变化而自然转脚。转向后帆面受风时,要回到正舵以阻挡转向中的惯性;帆受风后,收紧头帆脚索,再略推下风舵,并放下风舷披水板,收起另一舷披水板。船就是这样反复曲折前进(见图 7-21)。打戗操作技术要求较高,驾长须有比校丰富的航行经验,全体船工要很好地分工协作,各帆和披水板都要有专人操纵。

总的来说木帆船利用各种风向驶风航行操作的要领是操纵帆脚索,适当地变换帆角,借以最有效地利用风力,同时操舵和下披水板等配合(顺风不下披水板)。

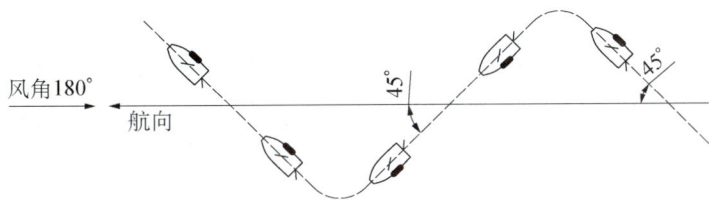

图 7-21 打戗驶风示意图

当然,顶头风下打戗航行的航速不会高,而且劳动强度很大,这也是无奈之举,总比"不进则退"要好一些。

8 锚泊及其他工属具

　　舟船作为水上运载工具,要有行有止,行船利用靠自然界风力的风帆和靠人力的篙、纤、桨、橹等,止船要靠船舶的各种锚泊工具,因此说锚泊工具是船的刹车装置。

　　当船舶在水域上停泊时,为了防止船舶漂移,需要靠抛入水中的锚在水底产生的抓力来抵抗作用在船上的风力、水流和波浪的冲击力,有时需要利用抛锚帮助紧急停船或协助操纵船舶停靠码头等。锚是一种笨重的装置,它的收放、储存和固定需要一整套设备,称为锚泊设备。

　　古代锚泊工具称为碇,近代锚泊工具主要是锚。锚泊工具除了碇或锚外还有插篙以及供船停靠系绳的系缆桩等。锚是在船不靠码头和不系浮筒停泊时用以固定船位的器具。

　　本章除了锚泊设备及插杆、缆桩外,还介绍起重工具、测量工具和特殊属具等。

8.1　碇与铁锚

　　在独木舟和舟船活动初期,可以靠河岸上的树木或木桩系船,有时也可把船用缆或绳系在岸边大的石头或树桩上。当船舶向开阔水域或海洋发展以后,就没有近岸的木桩和石头可借以系泊,只有靠专用的锚泊工具了。古代称锚为"碇",石锚即石碇,木石锚即木石碇,木锚即木碇,后来出现的铁质锚就没有铁碇的称谓了,一般就直接称铁锚或锚,近代称谓的锚多指铁锚。

8.1.1　碇——石碇、木石碇、木碇

1）石碇

　　最早期的锚泊工具为石碇,用绳索将一块未经加工但其形状却便于捆扎的

石头绑扎起来投入水底,利用石块的重量及与水底的摩擦力拖住船身,这是简单易行的锚泊方法。也可以用网兜装上石块投入水底以系船。随着使用经验的丰富,或者将石块稍加雕凿成为易于绑扎的形状又或者将石头凿孔穿系长绳,所系的石块称为石碇,也就是石锚。

我国浙江余姚河姆渡遗址发掘中,曾发现新石器时代晚期的石碇,是用一块直径为 50 厘米的圆石,装在专门编织的网兜内。这可以说是我国发现最早的锚。用石头系泊并固定船的位置,古籍概用"下碇"两字,启航则为"启碇"。古书上常说的"下石为碇",就是抛石锚,即古代的抛锚。

珠海宝镜湾文化遗址曾出土过一具距今 4 000 多年的大型石锚。其由椭圆形花岗岩砾石加工而成。沿短轴外部凿出一周较深的用于系绳的凹槽,槽宽为 2.5 厘米,深为 0.5～1.1 厘米。器体长径为 33 厘米,短径为 27 厘米,厚为 13 厘米,重为 18.5 公斤(见图 8-1)。

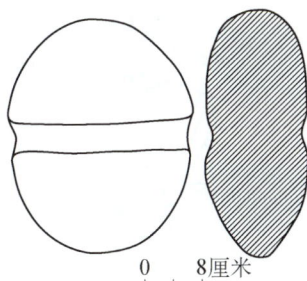

0   8厘米

图 8-1　宝镜湾文化遗址出土的船用石锚

2) 木石碇

在石锚之后,古代出现了用木石结合在一起的木爪石碇,称为木石碇。

木石碇是由两爪的木质锚爪和与两爪构成的平面相垂直的一根横杆所组成的,此横杆为石质故称为碇石,若横杆是木质的,则为木锚。木石碇正视呈"十"字形,侧视则为"V"字形,已具有后世多齿锚或有杆锚的特点。

中国最早出现木石碇形象是在东汉时期,在东汉墓中出土的船模上(见图 8-2(a)),其首部就有木石结合碇,它的复原图形如图 8-2(b)所示。

图 8-2(a)　东汉陶船模

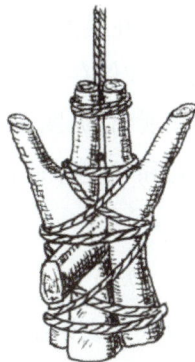

图 8-2(b)　东汉陶船模木石结合碇的复原图

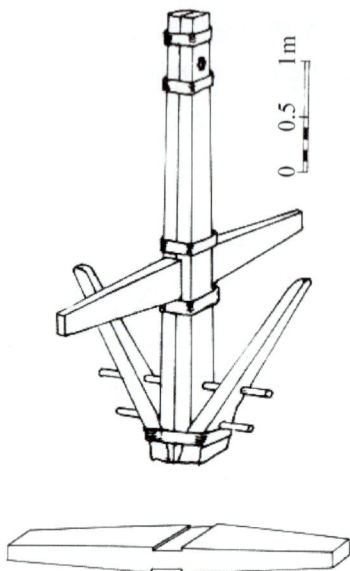

图 8 - 3　泉州法石乡出土的宋元碇石（下）及其复原图（上）

到了宋、元时代，木石碇已被广泛使用，在碇石与木爪的连接结构上和制作上也都有了很大的进步。泉州法石乡出土的宋元碇石就是一例，这个碇石的两侧开有凹槽，显然是为固定连接锚杆用的，这个碇石应是与两个木质锚杆和猫爪拼连结合并用铁箍固紧在一起的（见图 8 - 3）。

木石碇上的碇石是一根与锚爪和锚杆组成的平面相垂直的横杆，因为这一根横杆的存在，使它同近代西方所发明海军锚一样是属于有杆锚的类型。

有杆锚的结构特点在于锚杆上装有一根（碇石）横杆，并与锚爪和锚杆组成的平面互相垂直，锚爪与锚杆是一个整体，不能转动。有杆锚多用于两爪锚，当有杆锚抛入水底并在水底拖动时，横杆（碇石）有一端必能接触水底，这样横杆使得两个锚爪总有一个锚爪可以入土，锚爪始终啮入水底不会翻转。这种木石碇利用木爪的抓力和碇石的重力泊船是泊船原理和实践上质的飞跃。

3）木碇

当锚杆、锚爪和横杆为同木质时，就是木碇即木锚。相对木石碇来说它是使用一根木质横杆替代了碇石横杆，为了弥补重量损失和保证强度，木碇必用坚硬重木，而且一般整体尺度也比较大。

清末民初在吴淞口外九段沙处打捞出水的大型有杆木锚，锚柄长为 7.45 米，工艺水平和保存完好，堪称中国之最，非常珍贵，现为上海中国航海博物馆收购并对公众展出（见图 8 - 4）。

木石碇和木碇都是有杆锚，前者为石质横杆后者为木质横杆，它们都具有有杆锚的优点。

8.1.2　铁锚

铁锚为铁制或钢制用锚链（或锚索）与船体相连。锚上有爪，用时将锚抛下，借其自重和锚爪抓住水底的抓力将船系住，使不因风力、水流而漂走。一般置于

中国木帆船

图 8-4　出土的清末民初时期大型有杆木锚

船首,大船则首、尾都设。

　　早在明代中国就出现了四爪铁锚。明代《天工开物》上的一幅锤锚图上展示了正在锤制四爪铁锚的景象(见图 8-5)。

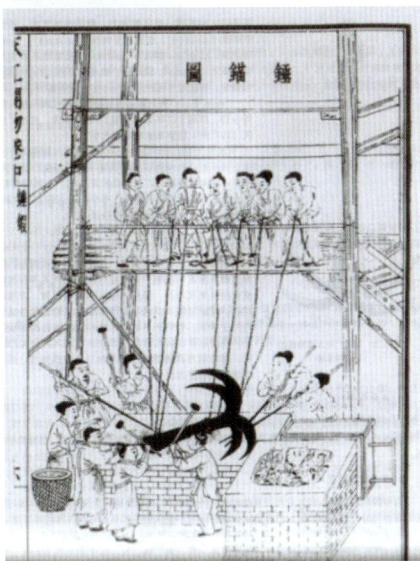

图 8-5　《天工开物》锤锚图

　　四爪锚是中国独创的系泊锚具,锻铁制,由锚爪和锚杆组成四爪,锚杆顶部有环套(称锚环)连锚链或锚缆。锚爪对称分布,互呈反向弯钩形,用于浅水泥沙底航道的猫爪弯度较大,有的在一个爪尖上有套连起锚绳的小环。杆与爪根结合处称锚头,上有小环。四爪锚抛下触底后必有两个爪可以同时抓底。例如,在广州博物馆收藏的明代四爪铁锚图(见图 8-6(a))和梁山明代洪武五年造四爪铁锚(见图 8-6(b))。

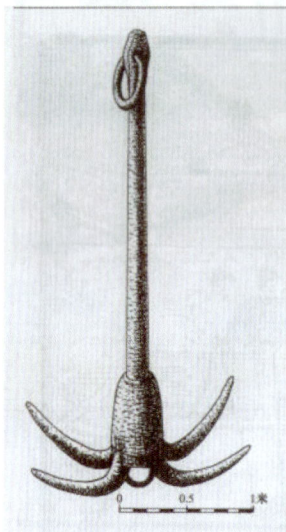

<table>
<tr><td>图 8-6(a)　广州博物馆收藏
的明代四爪铁锚</td><td>图 8-6(b)　梁山明代洪武五年造
四爪铁锚</td></tr>
</table>

四爪锚的优点为外国船舶所引用。清代著作《江苏海运全案》中将锚称为猫。《康熙字典》解释为"船上铁猫曰锚"。在西方船舶属具的用词上见有不少带有"猫"为词缀的词,例如,英文中,吊锚杆称为"cat-davit",起锚滑车称为"cat-block",前缀 cat 就是猫,即锚,可见,西方人也将"猫""锚"通用,这透露着中国四爪锚向外传播的信息。

除了四爪锚外,还有两爪锚和独爪锚等各种形式(见图 8-7)。

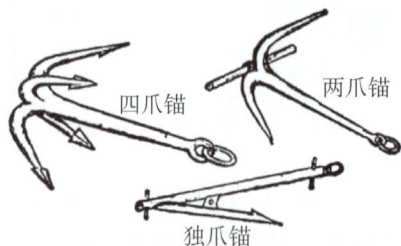

图 8-7　铁质船锚

两爪锚直猫爪与锚杆成锐角,锚杆下端穿一横担,航海木帆船停泊时会用两爪锚辅助以固定船位。独爪锚又称为犁锚,使用时栽到河岸上,它是木帆船临时系泊的轻便锚具。

船锚的数量和重量的配备视船的大小和作业的需要选定。

8.2 插篙、系缆桩

8.2.1 插篙

插篙,是木帆船泊岸时,用以固定船位的工具。操作时,用篙从插篙孔垂直插入河床即可。它适用于小船和浅水缓流的泥沙底河床。篙要插到适当的深度,以免松动。根据需要,配有首插篙和首尾双插篙。

插篙孔是供篙插入的垂直孔眼。它有两种结构形式:①用一只两头空、四周密闭的柱形卫壁,垂直装置在首面梁中央和前搪浪板的开孔中;②首面梁和前搪浪板各开一垂直相对的孔,不用柱形围壁,孔后设一道断水梁,搪浪板近断水梁处开一列齿状隙孔,以免里面积水。可参考图4-16中显示的小型木船在首部设置一道水密的前断水梁之前开有供插篙通过用的插篙孔。

8.2.2 系缆桩

木帆船上的系缆桩是供系挽缆绳用的粗木桩,材质要求坚实,近代有的用钢材制成。首(前)、后(尾)系缆桩分别插置在首尾面梁的左右。首(前)系缆桩俗称将军柱。设在两侧舷边的直立木桩称为舷边桩,其下部固定在肋骨和舷甲板上,一般首尾两侧各装置两根,有的直接将肋骨伸出甲板当作舷边桩。

8.3 起重工具

8.3.1 绞盘与绞滚

木帆船上用得最普遍的起重工具是绞盘、绞滚。绞盘和绞滚的转轴布置分别是垂直的和水平的,因此有立式的绞盘和卧式的绞滚之分。

1)绞盘

绞盘又称绞关,明代宋应星著《天工开物》中称云车。绞盘多数竖立在首甲板上用人力转动,用以收放缆绳或锚链(索)。有优质杂木制和铸铁制两种。木质绞盘为圆台形,由上下车盘、中间腰盘和周围的 5～8 根车柱组成,铁质绞盘为腰部呈凹形弧槽、中心有孔的圆柱形轮,垂直套在绞盘轴上,可以水平转动。

使用绞盘时,将缆绳固定在绞盘上,用绞棒插入绞盘孔,一人至数人推绞棒外端,绕轴行进,使绞盘转动,以带动缆绳绕圈。

通常用以起锚、脱浅、过滩、起货等,大型木船也用于竖桅、升帆(见图 8-8)。

图 8-8　木质立式绞盘

2) 绞滚

绞滚俗称绞车,绞滚有木制和铁制两种,绞滚的滚筒水平装置在绞滚座架上,筒两侧各有两个互相垂直的穿孔,插入扳柄成"十"字形。扳动扳柄,滚筒转动;扳柄一端拉出一些伸在座架横木下面,滚筒即固定。用得比普遍的是设在船首的起锚绞车(见图 8-9)和船尾的升降舵绞车(见图 8-10)。

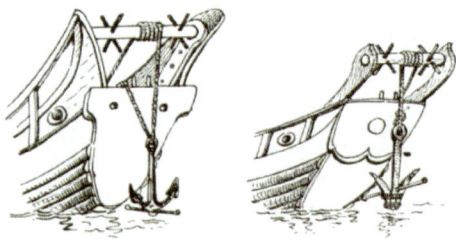

图 8-9　设在船首的起锚绞车

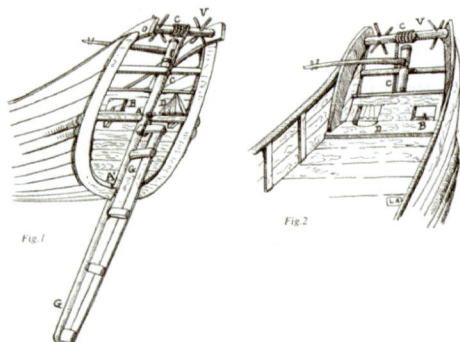

图 8-10　福建船尾部升降船舵的绞车

8.3.2　扒杆和滑车

扒杆在木帆船上,多采用两根小径杉木或竹竿在上端交叉结扎而成。交叉处有滑车装置穿过拉索,杆端固定在两舷的扒杆架上。扒杆架由直立在桅面梁两端的架柱和一根横杠构成,横杠两端装有扒杆脚,与扒杆下端的铁质支撑相连接。扒杆主要用于竖桅和眠桅作业,也能起吊重物。

滑车俗称葫芦,是用绳索或链条绕过一个或若干个滑轮所组成的简单牵引起重装置,有木制和铁制两种,由滑轮、轮轴、车壳等部件组成,结构轻巧紧凑,便于移置,操作方便(见图 8-11)。利用滑车可以省力和改变力的方向。各种索具用的是单轮还是双轮滑车,具体形状视使用部位而异,例如尾部的舵柄滑车组合(见图 8-12)。

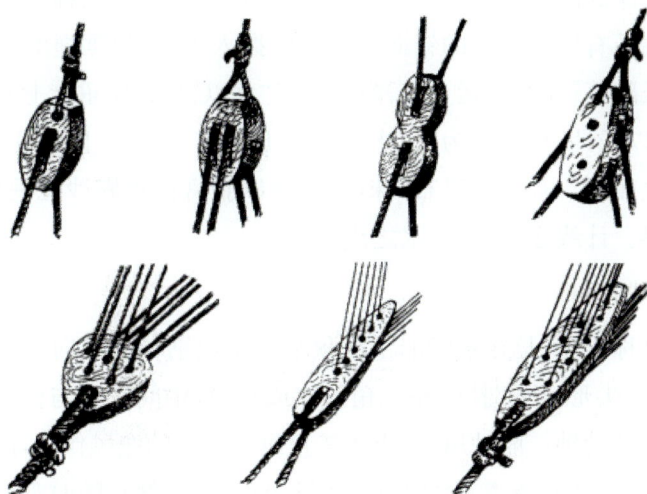

图 8-11 船用滑车

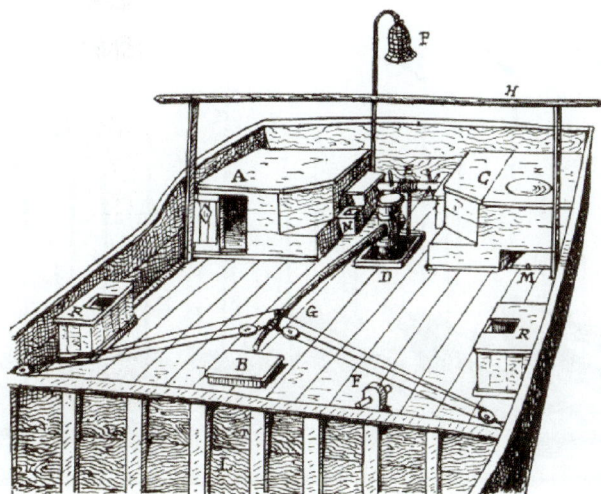

图 8-12 广东船的舵柄滑车组合升降舵绞车

8.4 测量工具

8.4.1 测深杆与测深砣

测深杆和测深砣都是测水深的工具。

测深杆又称量水篙。杆下部有尺寸标志,用于船舶通过浅水航道时测量水深。

对水深较深的航道,测深杆无法使用,就得用测深砣(又称水砣、水垂)。它是在长绳一端系有供测深用的铅砣。使用时抛入水底,根据绳的入水长度以测水深。清贺长龄著《江苏海运全案》附图记载"垂以铅为之,重十七八斤。线以绳为之,其长短以托计,凡五尺为托,水线长着七十托,短亦三四十托。铅性善下,凡使垂必及底而至。垂上包以布,抹以蜡,泽以脂膏俾水底沙泥垂而起验其色,以辨海洋地界。计线之长短,知水之浅深。"

8.4.2 风向标

风向标又称风旗,是在木帆船主桅顶端用于识别相对风向的装置。标身多为铁质,头部呈尖形,尾部挂红布三角形旗或布筒,中间设有与标身垂直而与桅杆方向一致的转动轴。船驶风时,由于三角旗或布筒的兜风作用,因此标身总是与风向平行,箭头始终指着风的来向,随风变动,以便驾长随时观察选择有利的帆角驶风(见图 8-13)。

图 8-13 泊港的沙船桅顶上的风向标

木帆船的其他工属具除了起重工具、测量工具外还有专用的特殊工具,如靠垫、扒沙板、木犁、太平篮、竹囊、船篷等。

靠垫——有靠球和靠把,靠球和靠把都是船舶靠泊或两船相靠时所用的防护垫。靠球是用绳索或藤条编织的、内部填满软木或棉纱的球形囊。靠把一般为长柱形,按所用材料的不同,有木靠、绳靠、藤靠,近代多用胶皮靠、轮胎靠等。

靠球和靠把都是挂在舷侧的,当船舶靠泊或两船相靠时起到隔离和缓冲作用,避免碰撞或磨损船舷。

扒沙板——用于浅水沙质河床扒沙疏通航道的木质工具,是宽为1米左右、高25厘米左右的长方形木板。中间垂直装置一根木柄,底边两角各开一孔,拴以长绳。使用时一人掌握木柄,底边以适当倾角插进沙中,用人力分别拉两边绳索,随着扒板移动沙被扒开,以加深航槽。

木犁——浅水绞拉木帆船的一种专用工具。犁身为长4米的粗木棍,下端有铁尖。木帆船搁浅或上泥沙质浅滩时,将木犁以一定的角度斜插到附近某一方向的河床中,一人掌握,犁身下部的五分之四处套一根缆索,索的另一端套在船的绞盘上,转动绞盘收紧缆索,拉船上滩或脱浅。

太平篮——木帆船用以缓和船体在风浪中摇荡的安全设备。它是在船尾部用悬索系吊的一只圆形大篮。清代《江苏海运全案》记载:"太平篮以竹为之,中实以石,船行海洋,或有风波,则以篮寄于水中,俾舟无荡。"

竹囊——木帆船悬置于中部两舷侧的竹捆。以消浪和减小船的横摇程度,同时也起到限制装载吃水的作用。宋代徐兢《宣和奉使高丽图经》记载:"于舟腹两旁,缚大竹为囊以拒浪。装载之法,水不得过囊,以为轻重之度"。即满载水线不能超出竹囊。《清明上河图》上可以见到正在过虹桥的一艘船的两舷侧的竹囊(见图8-14)。

船篷——又称簚折,木帆船防雨设备之一。用细竹簚编织而成,长方形,周围用竹片和藤皮结扎,涂以桐油、秀油。

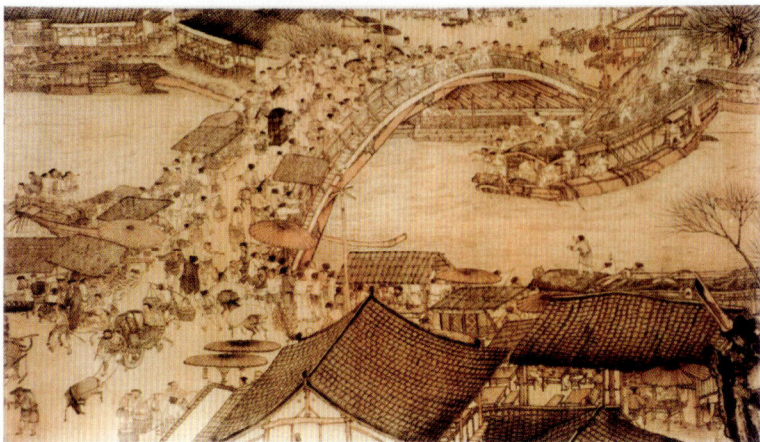

图 8-14 《清明上河图》中正在过虹桥的客船上见有竹篷

9 中国木帆船船型分类

沙船、福船和广船原是明代对海上战船的船型分类,后来被扩展到海上民用木帆船了。

9.1 沙船

沙船源于长江口及崇明一带方头、方艄、平底的浅吃水船,它具有扁浅狭长的准长方体船型,长与宽之比较大,多桅多帆,采用大梁拱使甲板能迅速排水,两舷侧有防横漂的披水板,还设有较长的尾艄。

因其底平不怕沙浅,有"稍搁无碍"之效。过去,多在上海附近的太仓、浏河等地制造。在历史上以崇明为著。太仓、通州(今江苏南通)、海门、常熟、嘉定、江阴等处均有。道光年间上海有沙船5 000艘。

沙船的渊源可追溯到南宋时期。《宋史·兵志》记有:"战舰则有海鳅、水哨马、双车、得胜、十棹、大飞、旗捷、防沙、平底、水飞马之名。"此防沙、平底似为沙船的祖式。

《大元海运记》载:"元十二年(公元1275年)海中搬运亡宋库藏图籍物货之道,奏命江淮行省限六十日造平底海船六十只,听候调用。"文中的平底海船盖为后世沙船的原型。

沙船的突出优点是"沙船能调戗使斗风。"即是逆风行船必须走'之'字形航迹。逆风行船时,风帆除获得推进力之外,还附带产生使船横向漂移的力,由于沙船吃水较浅,其抗横漂的能力有限,因此必须使用披水板,放在下风一侧,用时插入水中,以防止船横向漂移。图9-1所示沙船模型照片左舷所挂者,即为披水板。有学者认为可能防止横漂的披水板也是中国首创。

沙船的舵叶展弦比很小，接近于 1.0，据其外形俗称"荷包舵"。

图 9-1　沙船模型照片

清代《唐船之图》中的"南京船"就是一艘典型的沙船（见图 9-2）。

图 9-2　南京船

9.2 福船

　　福船是福建、浙江沿海一带的尖底海船,吃水较深,底尖上阔,横剖面呈 V 字形,高大如楼,首昂尾高,首尖尾方,两侧有护板,具有优良的深水航海性能。福船的船型和用途相当广泛。

　　在宋代,朝廷遣使外国常到福建雇募客舟,其船"上平如衡,下侧如刃,贵其可以破浪而行也"。尖底深吃水的福船在广深波浪海域航行时,没有像平底沙船因船底受拍击而严重失速的现象。

　　明代抗倭名将戚继光(公元 1528—1588 年)在浙、闽沿海抗倭时,即应用了福船系列的战船船型(见图 9-3)。在泉州海交馆前的水塘中停泊的一艘福船,展示了福船的雄伟姿态(见图 9-4)。

图 9-3　明代抗倭大福船

图 9-4　停泊在泉州海交馆前水塘中的福船

　　1974 年夏,在福建省泉州湾的后渚港出土的一艘宋代航海货船,其福船船形特点非常明显,即方形系数小、长宽比小和呈 V 字形横剖面(见图 9-5)。这与在韩国出土的中国元代航海货船"新安船"(见图 9-6)和在西沙群岛永乐群岛南部发掘的宋代古船"华光礁一号"(见图 9-7)的船体型线特征极其相像,都是深吃水且船体中部呈 V 字形横剖面。

中国木帆船船型分类

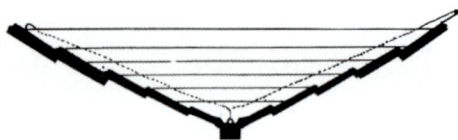

图 9-5 泉州宋代海船第八隔舱横剖面图

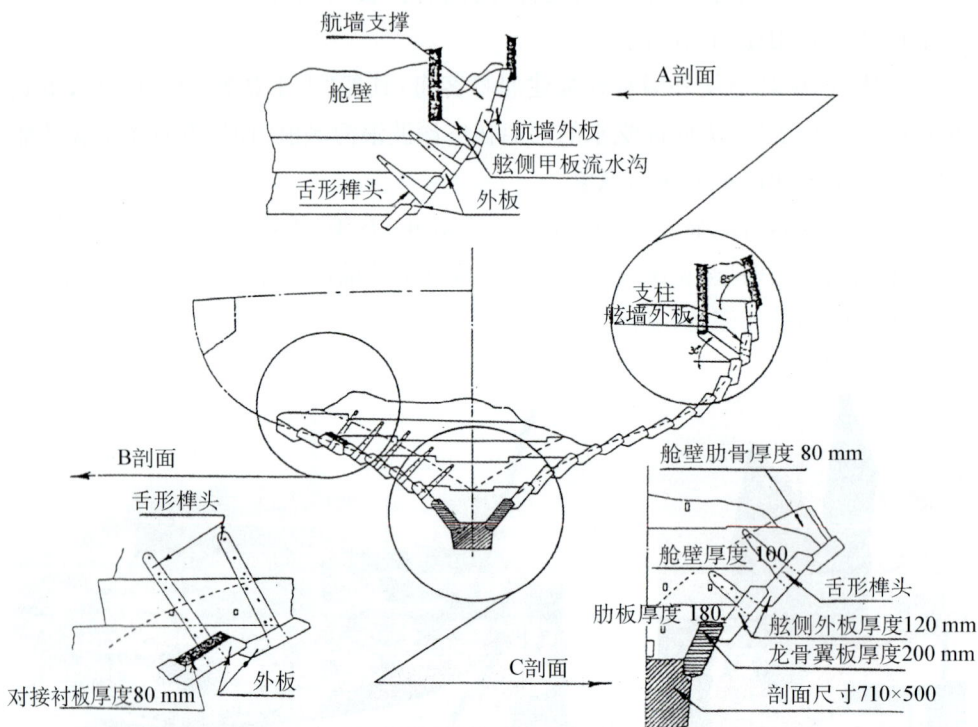

图 9-6 "新安船"船中剖面结构图

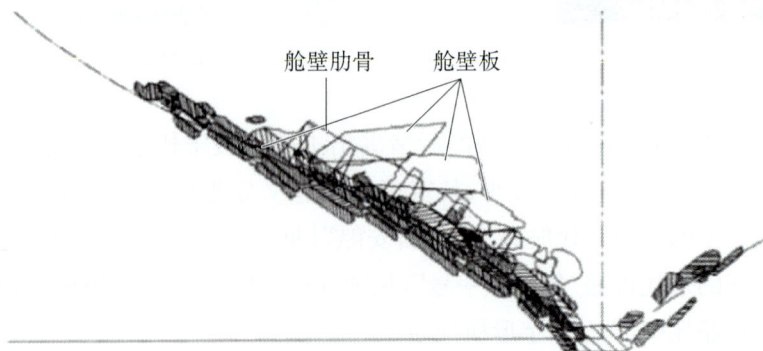

图 9-7 "华光礁一号"宋代海船 E 剖面图

中国木帆船

此外，泉州宋代海船船壳的多重板鱼鳞式搭接结构也得到出土的"华光礁1号"的印证。

9.3 广船

广船是广东一带的著名船型的统称。广船下窄上宽，头尖体长，梁拱较小，两旁搭架摇橹，多用栗木等硬木建造，特别坚固，帆形呈扇形，船纵中处装有中插板，用以抗漂，舵面有菱形开孔以利操舵轻捷。

广船原系民船，因明代东南沿海抗倭的需要，所以将其中东莞的"乌艚"、新会的"横江"两种大船增加战斗设施，改成为良好的战船，统称"广船"。广船是当时中国最著名的船型，在肃清倭患的战斗中作出了重要贡献。

《明史·兵志》对广船的评价是"广东船，铁栗木为之。视福船尤巨而坚。"《武备志》对广船的评述："广船若坏须用铁力木修理，难乎其继。且其制下窄上宽，状若两翼，在里海则稳，在外海则动摇，此广船之利弊也。"

广船的帆形如张开的折扇，与其他船型相比最具特点（见图5-7）。为了减缓摇摆，广船有的在中线面处设中央插板，此中央插板具有抗横漂的作用。广船在尾部有较长的虚梢（假尾），在广东的乌艚船（见图9-8）和福建沿海被发现

图9-8 广东乌艚船

的广船"金华兴"号上(见图9-9),可见其梗概。广船舵叶的展弦(长宽)比不大,大多数接近于1.0,为了操舵的轻捷,广船的舵叶上有许多菱形的开孔,也称开孔舵。广船广泛使用开孔舵和升降舵(见图9-10)。

图9-9 广船"金华兴"号

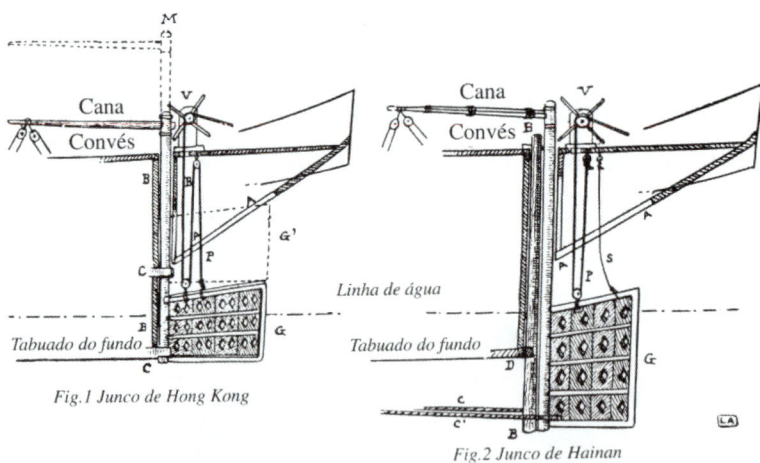

图9-10 广船舵叶的开孔和升降机构图

9.4 古船船型分类的讨论

沙船、福船和广船被传统称为三大船型。不过,也有学者认为浙江的鸟船,应归属于浙船,近代的"绿眉毛"船也是典型的浙船之一(见图9-11),有众多学者提出中国木帆船船型除了有传统称为三大型的沙船、福船和广船外,应补以浙船,故又有沙船、浙船、福船和广船的四大船型分类之说。

图 9-11　浙江舟山"绿眉毛"船

　　为适应不同海域的自然条件,各海域的船型必然有所差异。

　　不同船舶的船型特征除了船舶的主要尺度、尺度比等外,主要还体现在船舶主体型线的形状、船舶上层建筑的分布与造型、船体结构特征、船舶属具的特征与设置以及船民习俗反映等诸多方面的不同。

　　也有学者仅从船体形状出发,提出中国古代海船船型分类可以长江口或江苏大陆棚浅水沙滩为分界,简单地分为航行于北方海域的平底船型和南方海域的尖底船型两大类。从大的方面来说也无可厚非,但这种分类方法毕竟过于简单化,既有悖于船型分类的本意,也没有必要。

　　应该指出的是,讨论古船船型分类不能绝对、孤立地看问题。我们不能绝对地认为福建或广东的船就是福船或广船,北方海域的船都是沙船;也不能绝对地说,福船或广船就是尖底船,或者说尖底船一定是福船或广船,这都是不符合实际的,因为每个海域同时存在多种船型的现象不足为奇。

　　因某种船型比较适宜于某一海域航行,所以古代不同地区的船厂一般所造船型具有明显的地方特征。不同海域的航船也就形成了不同的船型特征。但是,在讨论认定古船的船型时似乎应该注意到如下几点:

（1）某地船厂建造航行于非本地区海域的船舶也属常见，即同一地点不会只建造单一船种。

（2）各种船型也不可能固定在某一海域航行，即在同一个海域会有不同船型的船舶航行，某一海域出现多种船型的船舶也是很普遍的现象。

（3）古代出现的船型分类的称谓，在历史长河中不是也不可能一成不变，在其之前和在其后船型必有演变进化，甚至变化很大，例如，近代的福建木帆船的代表船型"丹阳船"已经不是 V 字形的尖底船了。

（4）沉船地点也不是判断船型的唯一依据，认为福建出土的沉船就是福船，广东出土的就一定是广船，这在逻辑上是不成立的。

（5）实际上不论是三大船型，还是四大船型，都是没有严格定义的。

由此可见，将古船按照各自明显的特征做大体上的分类可便于讨论问题，但是古船研究中一定要给某古船冠以某种船型的称谓似乎是没有多大必要的，例如，将汉代的广东船一定要归属于广船，显然是很不恰当的。

10 木帆船修造工艺

船舶修造工艺包括建造和修理两部分内容的工艺,本章的中国木帆船修造工艺涉及船用木材、船体建造装配、构件连接、捻缝打油、装饰彩绘、下水试航、保养维修等。

10.1　船用木材

木船建造的主要材料有木材、螺栓、铁钉、油灰、麻绳、布、竹、绳······,木船的主要用材是木材。

造船木材的选用是确保木船质量的关键所在,不得马虎,历来为船匠所重视。造船木材的选用应该考虑下列方面:质轻,具有天然浮力,并有一定的强度;能吸收冲击和振动力;易于制成船的结构,即易于加工;良好的隔热性能,在一定的温度变化下伸缩性小;材质的缺陷暴露显著,易于判断鉴别。

应该避免取用不适宜的木材,如含水率变化时,膨胀收缩变化明显的,甚至会引起弯曲扭转或裂开的;木材组织不均匀,强度受影响的;易燃,耐火性能差的;易于腐朽的;易受海蛆伤害等。

10.1.1　木材的品种和用途

我国船用木材的材种很多,常用的有杉、柏、梓、楸、榆、椰、椿、檫、楮、楝、柞、栎、栗、枫、枣、柳、楠、柚、檀、桑、槐、红松和马尾松等,可就地取材,灵活选用。

我国各地出产不同木材,例如,东北地区产红松、落叶松、榆木、水曲柳、杉木、云杉等;华中地区产红松、马尾松、杉、云杉、柳杉、银杏、樟、榉等;中南地区产马尾松、油松、扁松、杉、台湾杉、油杉、樟、柯、通枣、坤甸、红椎、楠等;西南地区产落叶松、柏、杉、云杉、樟、榉等。

我国船用木材虽多，但经过历史上的长期采伐，已经不能满足造船的需求，从而开始向东南亚地区进口船用木材，到了清代则更为普遍。近代木帆船逐渐被钢质船舶所取代，这与造船木材的稀少及珍贵有关，且应是重要的原因之一。

10.1.2 船用木材的选用

1）检查木材的疵病

船用木材的选用必须检查木材存在疵病的情况。木材的疵病是材质最原始的缺陷，选用时须加注意。木材构造上的不规则性，内部或外部的损伤及各种形式的病态，都称为木材的疵病。常见疵病如下：

节子——木材表面上所表现的，枝条的切断部分称为节子，可分为活节、死节、松软节、腐朽节、岔节等。

变色——木材受风、霜、雨、露等自然环境的影响，以致木材分解变质酸化。

腐朽——木材受菌侵蚀后使材质发生变化而腐朽。

虫眼——多在树木伐倒后，受甲虫、蠹虫等侵蚀造成。

裂纹——在木材伐倒后，因湿度和温度的变化，有的会发生纵裂纹或环裂纹，使木材强度降低。

伤疤——有外伤、夹皮伤及树瘤等。

树脂囊（油眼）——由木材内油脂集中在一处所引起，它会降低木材强度。

弯曲——木材在生长时天然的弯曲，分一面弯曲与多面弯曲。

尖削——即树干两端直径之差。

扭转纹——指树木的纤维呈螺旋形的生长，致使整个树干的纹理表现为扭转状。

2）木材加工后的缺陷

木材因生长时形成层与木质部的细胞组织不同，所以在加工锯成板状后的收缩情况也不同，以致形成变形，有顺弯（即上下弯）、横弯（即左右弯）、翘弯。

3）船用木材的选择

船用木材的选用质量直接关系到木船的强度、水密性、加工性、使用期限等问题，选用质优适用的木材是提高木船质量的关键。

船用木材一般要求结构细致、纹理顺直、坚实、耐湿、耐腐，对船上纵向的构

材,要求其长大、顺直,横骨材和舵柱等则以坚实为主。船用木材必须具备的条件如下:

(1) 木质坚韧,不易腐朽。

(2) 木材不得有疵病,特别是死节、腐朽等会造成漏水与强度损失。

(3) 需较长的材料时,应尽量减少嵌接。

(4) 应选干燥材料,防止变形、腐朽与裂缝等。

(5) 适应利用的自然曲材。

4) 船用木材的选用

有的材种具有多种特性,适用范围大。有的材种最适合于制造特定构件,如桑、槐、檀最适宜制作舵柄、舵柱、桅夹等构件;栗、枫、马尾松耐水浸,但干燥后容易发裂变形,故只宜作底板用。有些构件,如桅、舵叶、桨叶、木篙以及舱盖板、垫舱板、跳板等因要求材料顺直或轻便,所以只宜使用杉木。

各地修造木帆船的木料选用,除了某些构件必须用特定的材种外,因地制宜就地取材往往是必然的选择。

10.1.3　木材加工

船用木材的加工与非船用木材加工基本雷同。

1) 木材加工种类及加工工具

木材加工不外乎锯、刨、凿、钻、锛等,对应使用的工具就是锯子、刨子、凿子、钻子、锛子及用作维修的磨刀石、锯齿矫正器和锉刀等,还有拔钉器、扳手等辅助工具。

2) 木材加工工艺

鉴于组成木船船壳的船材通常是空间曲线或曲面,因此呈三向变化的木材加工工艺主要反映在木材材形的加工制定上。

木材的弯曲加工用得最多的还是板材的弯曲加工,船板的弯曲方法有水浸法、火烤法和汽蒸法。汽蒸法得有产生蒸汽的设备才行。通常采用的方法是在木材上浇开水,将木材蒸煮使木质软化,然后在合适的位置施以外力达到使船材变形的要求。用得最多的是对长条木板弯曲的加工,往往采用被称为"弯木地牛"的弯制设备。

"弯木地牛"是由两排平行的木桩和栏板构成的(见图 10 - 1)。用"弯木地牛"弯制船板的方法是将需弯制木板的一端插入"弯木地牛"中的一排栏板下部,将木板需加工的部位置于另搭建的一排栏板面上并在其下用火烤,同时在板的另一端用大石或其他重物将木板压住,这样就可以把木板弯成一定的弧度,根据弯曲形状的需要选择多点位置逐渐火烤,最终使板材弯曲成形状接近于安装的要求,安装前刨去表面的炭黑层即可。

图 10‑1　广东阳江江城造船厂的"弯木地牛"

10.2　船体建造装配

10.2.1　船体装配工艺

船体装配是指将木船船体拼装成型的工艺。一般工序是:

(1)置龙骨铺船底。

(2)装脚梁、隔舱板、半隔舱板、肋骨,大型木船还需装好压筋。

(3)装两舷舭板、身板、槅和上舷板,有自下而上、自上而下和两者结合的三种方法。

(4)将舭板、身板、槅的两端按设计首尾底部纵剖线形状锯裁成起翘曲线,并按首尾部逐渐收拢的横剖面用强制弯曲法做成内向弯曲形,然后安装前、后搪浪板、封头板、封梢板,大型木船还装首尾压筋。

（5）装面梁、舱口围板、首尾甲板、舷甲板、上滚头等，大型木船须先装立柱、托梁。

（6）安装上层建筑、桅、舵等甲板上的一切部件。

除特定要求外，船体左右的构件和结构在加工与装配时应该确保左右对称。整个船体装配过程，包括板料拼接、搭接、刨平、刨光和上钉、挂锔、钉卡等工艺。船壳水线以下的外表面必须平顺光洁，以利于减少航行阻力和打油。

不同船型和不同地区的木船建造工序和工艺是不尽相同的，古代造船往往是在无详尽的建造施工图纸下进行的，也不做技术计算，主要是依照船匠师傅的经验，从实际出发建造的。前面介绍的木船船体拼装成型工艺和工序，也是大体如此。一般而言，因不同地区不同师傅建造不同类型的木帆船的工序是不尽相同的，所以古代造船有"一个师傅一个法"和"一个地方一个样"的说法。

10.2.2　古代的"母营法"建造

古代建造木帆船是没有型线图的，有的地方的木帆船建造是采用所谓的"母营法"，它是在建造过程中，采用几个重要部位的横舱壁来确定船体线型与基本框架，这种方法在民间被称为"四母营""五母营""七母营""九母营"法等。这种传统的造船方法，与后来所普遍采用的以肋骨为横向框架的明显不同，反映了中式木帆船极富特色的主要以横舱壁为框架的建造流程，体现了中式木帆船建造"自成体系"的特点。

"四母营"建造法是在龙骨上装置包括尾封板在内的四个舱壁，船体形状基本靠其定型。至于"五母营""七母营""九母营"等法只是装置舱壁数不同而已。

中国上海航海博物馆船模研制中心为更加直观、立体和形象地展示中式木帆船以横舱壁为框架的建造流程，选定以东山大𦩊船为原型船，按1∶15的建造比例，以柚木为主材，通过8个阶段的渐进式模型来体现"四母营"结构法的建造流程。现以按照"四母营"法建造的东山大𦩊船的八个阶段模型为例介绍该船的建造流程。

东山地处闽、广交界，所制模型兼有福建、广东两地海船的特点。大𦩊船"四母营"法的建造流程分八个阶段，图片显示如下：

第一阶段，安装3段龙骨（见图10-2(a)）。

第二阶段，安装龙骨翼板、船底列板及四母闸的底座（见图10-2(b)）。

图 10 - 2(a) "四母营"法建造的第一阶段

图 10 - 2(b) "四母营"法建造的第二阶段

第三阶段,形成底宫,安装 4 个母闸及舱壁横梁(见图 10 - 2(c))。

图 10 - 2(c) "四母营"法建造的第三阶段

第四阶段,分舱,安装其他横舱壁、侧肋骨,填舭部列板(见图 10 - 2(d))。

图 10 - 2(d) "四母营"法建造的第四阶段

第五阶段,安装首尾部及下楹(注,该船的"楹"材,即指"橺"材),填舷侧列板(见图10-2(e))。

图10-2(e) "四母营"法建造的第五阶段

第六阶段,安装二楹、大楹、甲板压板及笨抽等(见图10-2(f))。

图10-2(f) "四母营"法建造的第六阶段

第七阶段,安装含檀梁、转水梁、舱口围板、桅夹及舷墙结构等(见图10-2(g))。

图10-2(g) "四母营"法建造的第七阶段

第八阶段，安装帆装及舵、桅、桨等，形成完整状态（见图 10 - 2(h)）。

图 10 - 2(h)　"四母营"法建造的第八阶段

凭经验造船是中国古代造船的特点，上列"母营法"建造木帆船正是如此。

10.3　构件连接

木船是由船板和构件按建造要求连接组合而成的。木船板材和构件的连接有边接、端接和纵横构件的"T"形连接等不同方式。所谓边接是指连接构件长边之间的连接；端接是指连接构件端头的连接；"T"形连接则为互为垂直的构件连接。铁钉、铜钉、铁螺栓是构件的连接件。

10.3.1　边接

1）单层板船壳的连接

（1）单层板船壳的顺板式连接。

船壳的单层板连接是指船壳板为单层的连接，所谓单层板顺板式搭接是指连接后的船壳板呈光顺板面的搭接形式。

单层板顺板式搭接的长板条的边接缝通常有直角缝、蓑衣缝和企口缝等形式。直角缝是木板料邻边裁成彼此吻合的直角缺口咬合缝（见图 10 - 3(a)）；平合缝是横向上下拼合的木板，邻边裁成互为直面或斜面搭接拼合缝，因斜面搭接能防止雨水流入内部,可起到类似蓑衣防雨的作用,故又称蓑衣缝(见图10-3(b));企口缝是木板料邻边裁成凸凹咬合的缝(见图10-3(c)),它的连接强度为三者之最。

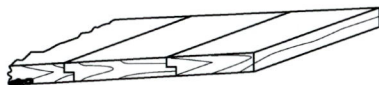

图 10-3(a)　直角缝

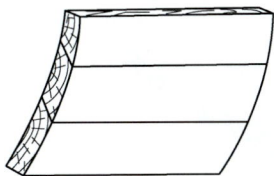

图 10-3(b)　蓑衣缝

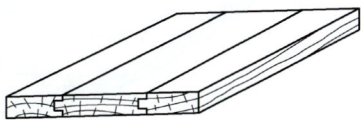

图 10-3(c)　企口缝

　　因为平合缝船壳板搭接的工艺简单,所以用得最为普遍,例如"蓬莱1号"古船(见图10-4)、象山明代海船(见图10-5)等。

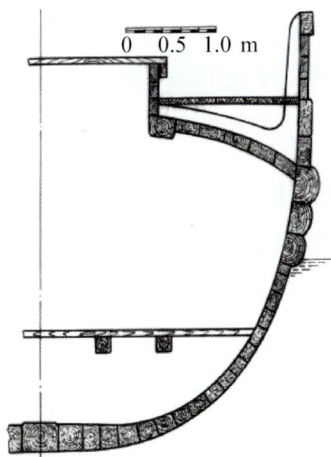

0　0.5　1.0 m

图 10-4　"蓬莱1号"中剖面结构图

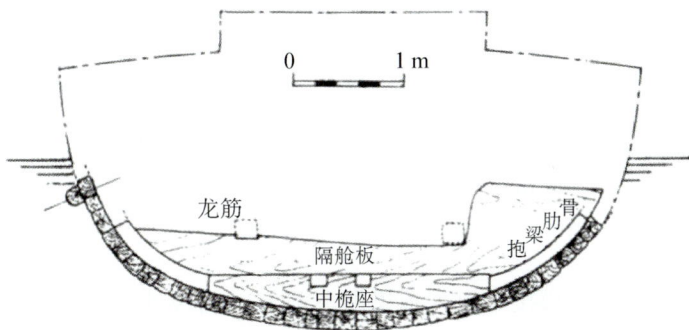

0　　　　1m

龙筋

肋骨

抱梁

隔舱板

中桅座

图 10-5　象山古船第7号舱壁位横剖面图

明代蓬莱古船的舱壁相邻的板列不是简单的对接，而是采用凸凹槽对接，相邻板列更凿有错列的 4 个榫孔，显然，这样的做法有利于保持舱壁的形状从而保持船体的整体刚性，也有利于保证水密性（见图 10 - 6）。

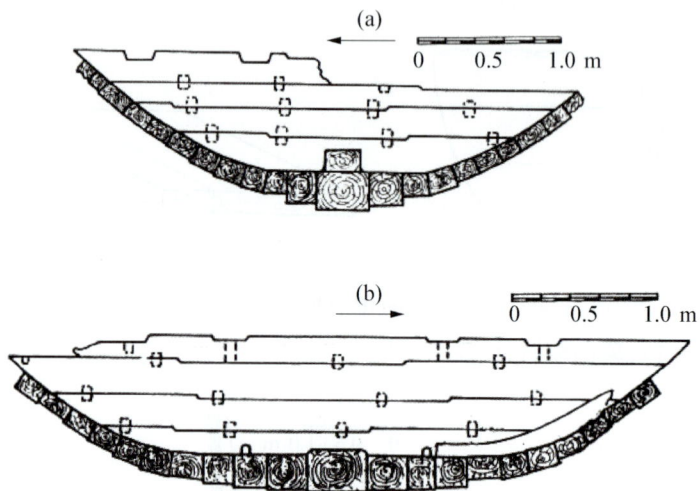

图 10 - 6　蓬莱古船第 3 号及第 5 号舱壁的测绘图

（2）单层板船壳的鱼鳞式搭接结构。

船壳单层板鱼鳞式搭接结构的搭接形式可分为直平型搭接、下角型搭接、上角型搭接和斜平型搭接 4 种（见图 10 - 7）。

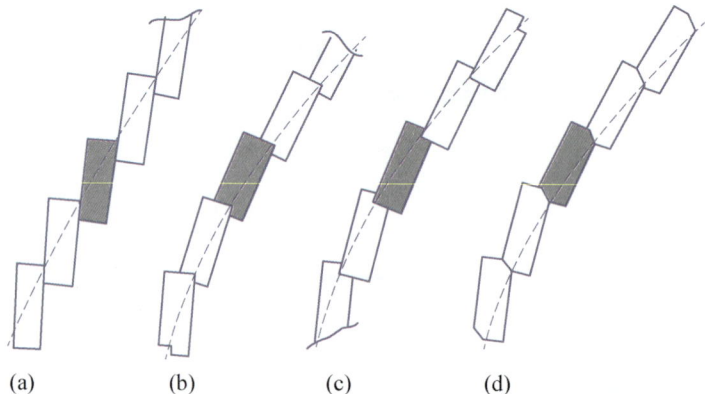

图 10 - 7　单层板船壳的鱼鳞式搭接形式（何国卫绘）

a. 直平型鱼鳞式搭接是上列板里侧下部与下列板外侧上部的相叠搭接，它

中国木帆船

是最简单的搭接形式，如图 10-7(a)所示。

b. 下角型鱼鳞式搭接是上列板里侧下部切割成角型的缺口与下列板外侧上边角对合，如图 10-7(b)所示。中国古船采用的是下角型搭接，1976年韩国新安出水的中国元代海船新安船就是实例（见图 10-8）。

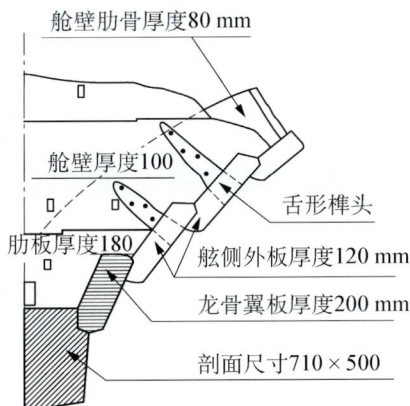

图 10-8 新安船船中剖面结构（采自李昌忆）

2010年山东菏泽出土的元代沉船的船侧外板也有采用下角型鱼鳞式搭接。该船的船侧上部左右各有 4 列鱼鳞式搭接，其下侧板和船底板都是顺板式直角缝搭接（见图 1-9）。

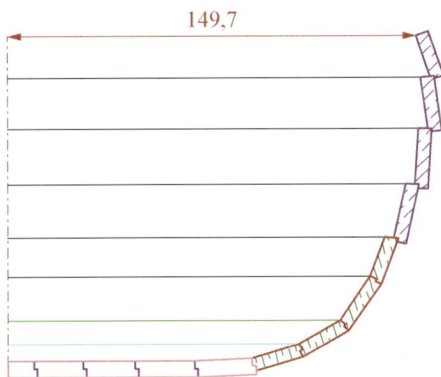

图 10-9 菏泽元代沉船横剖面图

c. 上角型鱼鳞式搭接是下列板外侧上部切割成角型的缺口与上列板里侧下边角对合，如图 10-7(c)所示。韩国古船通常采用上角型搭接，韩国的莞岛船

（见图 10‑10）和达里岛船都是如此，被认为是韩国船的"蓬莱 3 号"船外板也采用鱼鳞式搭接，它的上角型外板搭接是韩国古船典型特点之一（见图 10‑11）。

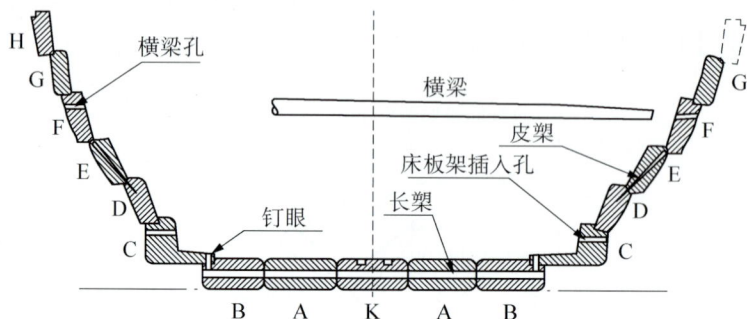

图 10‑10　莞岛船中横剖面图（引自《莞岛海底沉船船体》）

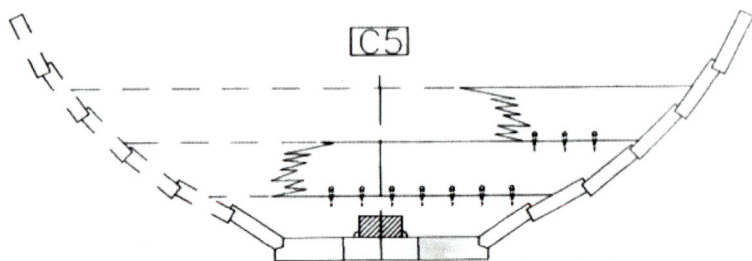

图 10‑11　"蓬莱 3 号"横剖面图

　　d. 斜平型鱼鳞式搭接是下列板的外侧上边和上列板的里侧下边都切有一段斜面，上下列板以该斜面对合，如图 10‑7(d)所示。

　　斜平型搭接在日本古船上有见（见图 10‑12）。

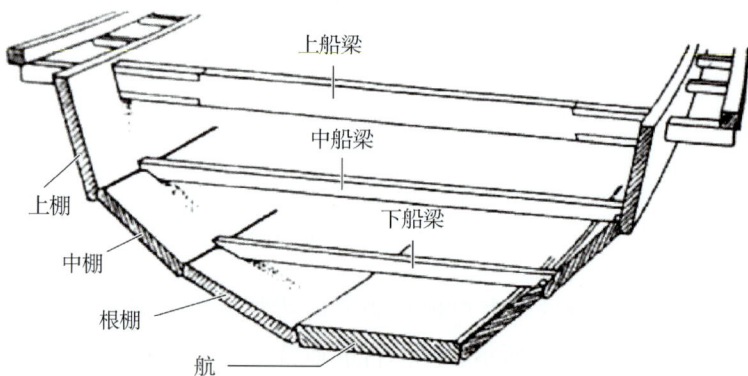

图 10‑12　17 世纪某日本船的结构示意图

中国木帆船

2）多重板船壳的连接

史籍中关于多重板船壳技术不乏记载，《马可·波罗行记》就有"船用好铁钉结合，有二重板叠加于上"的记载。明朝出使琉球国副使高澄的《操舟记》中载有："盖海舶之底板不贵厚，而层必用双，每层计木板三寸五分，各锢以铁钉，艌以麻灰。不幸而遇礁石，庶乎一层敝而一层存也。"《马可·波罗行记》还记有："此种船舶，每年修理一次，加厚板一层，其板刨光涂油，结合于原有船板之上，……应知此每年或必要时增加之板，只能在数年间为之，至船壁有六板厚时遂止。盖逾此限度以外，不复加板，业已厚有六板之船，不复航行大海，仅供沿岸航行之用，至其不能航行之时，然后卸之。"

《操舟记》所言并未涉及船侧板；《马可·波罗行记》所记的"每年修理一次，加厚板一层"，似指每年维修，逐年加层，"厚有六板之船"并非指该船建造时就装有六重板。但不管怎样，上列出土沉船和史料所记的都不是单层板船壳是确信无疑的。

中国古船的船壳结构有单层的也有多重的，多重板船壳也有顺板式和鱼鳞式两种搭接结构，多重板船壳已由出土沉船得到证实，例如，清代"小白礁1号"沉船和泉州宋代海船都是多重板船壳。

（1）多重板船壳的顺板式搭接结构。

清代"小白礁1号"沉船的船壳就是里外两层贴合而成的顺板式搭接，船壳为二重板结构，内层板厚外层板薄。在外层板与内层板之间夹一道防水层，据发掘人员初步观察，防水层用的是某种树木叶或植物皮纤维（待鉴定），防水纤维上涂抹一种黏性较透明的略呈红色的材料（可能是某种树汁）（见图10-13）。内外层板之间的防水层填塞物究竟是何物？起何作用？目前还没有研究结论。在"南海1号"宋代沉船发现设有3层外板，"华光礁1号"宋朝沉船建有5～6层外板，如图9-7所示，但未见公开发表的相关资料，尚不知其详。

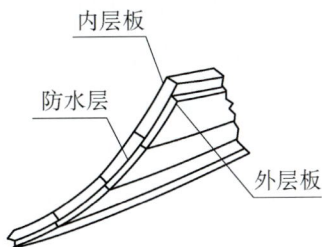

图10-13　清代"小白礁1号"二层船壳板图

图 10 - 14　泉州南宋代海船船壳
的三重板结构

（2）多重板船壳的鱼鳞式搭接结构。

泉州湾出土的宋代海船船壳是采用二、三重板鱼鳞式搭接技术，它有两个特点，一是船壳板既有二重板（二列板贴合）又有三重板（三列板贴合），船底由二重板三列与其上的三重板过渡相连（见图 10 - 14）；二是船壳板采用鱼鳞式的排列，形成鱼鳞式搭接形式。

可见，泉州湾出土的宋代海船船壳板结构是迄今为止发现的唯一采用多重板鱼鳞式搭接的出土古船（见图 10 - 15）。鉴于泉州宋代海船出土残存有限，船壳板只见 3 列重板，其上至舷侧顶部的壳板还是重板吗？如是，那么是三重板还是二重板？或是逐步过渡到多重顺板式搭接？多重板与大樯之间的结构关系如何？这些在泉州船的残存上没能显示，也难做出推测，有待其他沉船的发现加以佐证。

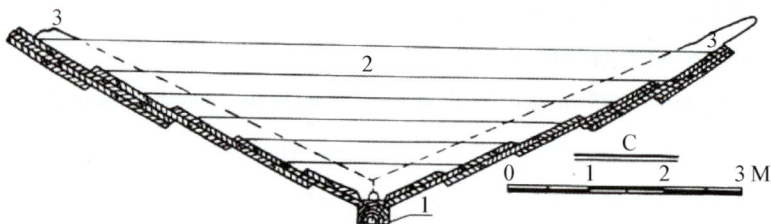

图 10 - 15　泉州南宋代海船横剖面结构测绘草图（局部）

10.3.2　端接

端接是指两块船板纵向相接，一般两块船板对口部位的宽度与厚度相同，俗称同口。当船板不够所需要的长度时，常用同宽、同厚的板料在端部对口连接，连接处必须骑在骨架上与之搭接，以便用钉锔固定，紧邻的板料同口必须错开，不易骑在同一根骨架上，这种工艺俗称接同口。

根据板料宽度和船体结构强度的要求，有多种同口拼接形式。比较常用的有平面、滑肩、直角、钩子、鱼尾、蛇头、咬合、叉子和斜面同口等（见表 10 - 1）。

表 10－1　船板接同口工艺中的同口形式

名称	图示	适用宽度（厘米）	备　　注
平面同口	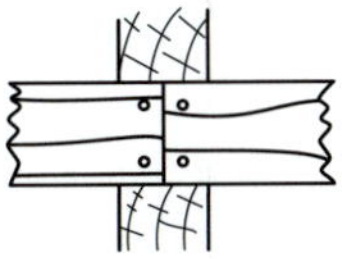	＜10	有利于保证水密
滑肩同口	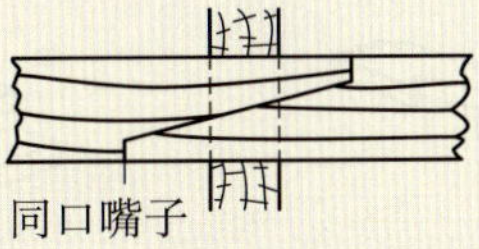 同口嘴子	＞10	接合长度约为板宽的 3 倍，两边同口嘴子各为板宽的 1/4
直角同口	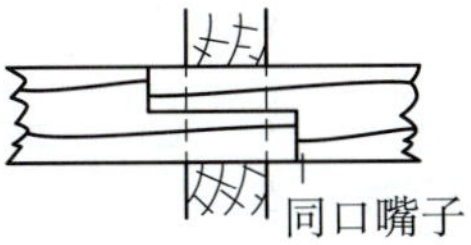 同口嘴子	≈10	两边同口嘴子各为板宽的 1/2。有些船脚梁与肋骨的转角搭接也用此种方式
钩子同口	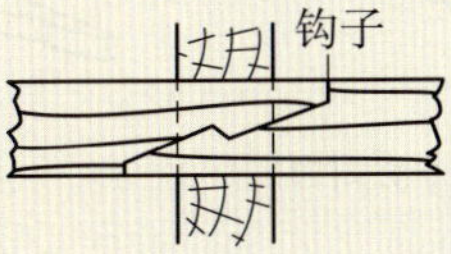 钩子	＞15（厚板）	接合长度约为板宽的 3～4 倍，钩子宽度不小于 3 厘米，用于橹子、舱口围板、龙骨、压筋等的接合
鱼尾同口	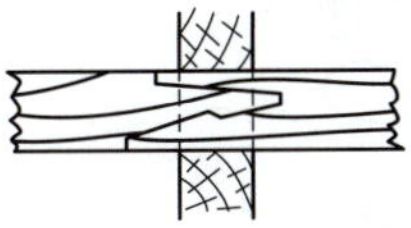	＞30（厚板）	接合长度为板宽的 2～3 倍，适用范围与钩子同口同，但强度较钩子同口高
蛇头同口	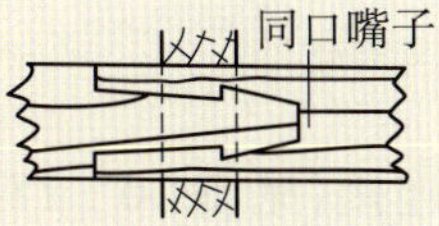 同口嘴子	大宽度短板	同口嘴子宽度约占板宽的 1/4
咬合同口		大宽度短板	
叉子同口	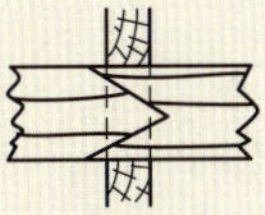		一般用于抽换个别板料
斜面同口	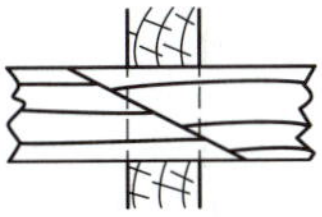		一般用于甲板

10

木帆船修造工艺

在实际使用中根据需要，还有其他不同的端接形式，例如，带榫的滑肩同口、双头连接的同口，这已在明代梁山沉船上见到，在同一艘明代梁山沉船上竟然见到多达10种端接形式实属少见，如图10-16所示。

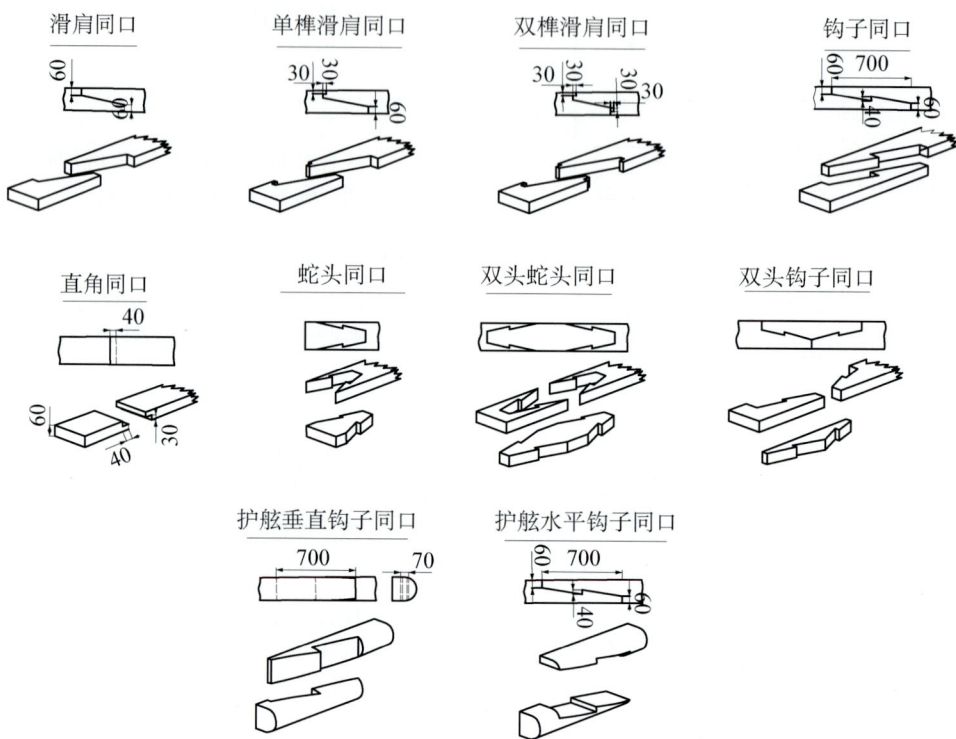

滑肩同口 单榫滑肩同口 双榫滑肩同口 钩子同口

直角同口 蛇头同口 双头蛇头同口 双头钩子同口

护舷垂直钩子同口 护舷水平钩子同口

图 10-16 板材、构件的端接工艺节点图

明代蓬莱古船采用了带凸凹榫头的钩子同口连接（见图10-17），工艺非同一般。

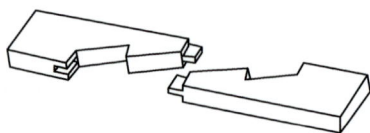

图 10-17 蓬莱古船的外板采用带凸凹榫头的钩子同口连接

10.3.3 "T"形连接

"T"形连接是用于纵横构件之间的垂直连接的方法。如各纵向壳板与脚

梁、肋骨、隔舱壁之间的连接（见图 10-18）。"T"形结合部位通常用方钉、爬头钉钉合，挂锔加固，大型木船的某些"T"形结合，现在常改用铁螺栓，它的强度比钉锔高。

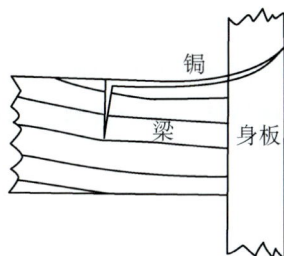

图 10-18　"T"形结合

10.3.4　构件连接件

构件的连接件主要有铁钉、锔钉、卡钉和铁螺栓等。

1）船用钉与钉连

船用钉是用铁锻制的木船修造专用连接件，船用钉的钉入角度和钉入部位不同，使用钉的形状也不同，如图 10-19 所示。

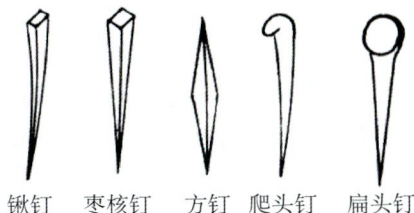

锹钉　枣核钉　方钉　爬头钉　扁头钉

图 10-19　船用铁钉

锹钉和枣核钉主要用于木板构件的拼合。要求拼合木板构件强度高的用锹钉，如底板、舭板、身板、櫃材、搪浪板、甲板、隔舱壁以及大型舵叶等的拼合。

钉连时先在一边板料内缘拼合边的一定距离处凿出三角形钉坑，在钉内横向钻眼，垂直穿过边缝通到邻板里面。钉眼位置应在板厚近内缘的 2/5 处，眼径与眼深稍小于锹钉。再将长度为板厚两倍以上的锹钉略锤弯后，插入钉坑的眼内，用送钉器对着钉头、锤打送钉器，使锹钉穿入邻板内，钉头陷进钉坑里，相邻两板即拼合。钉坑应在相邻两板交叉开凿（见图 10-20）。

图 10-20　锹钉拼合

明代蓬莱古船的船底板采用了穿心钉及锹钉拼合（见图 10-21）。

图 10-21　蓬莱古船船底板的穿心钉及锹钉拼合

对拼板强度要求不高的，通常用枣核钉拼合。先在连接板钉合处的板厚度中间钻好对口钉眼，眼径与眼深稍小于枣核钉。再将长度为板厚两倍以上的枣核钉插入一边板料的钉眼内，拼上邻板，锤打合拢(见图10-22)。

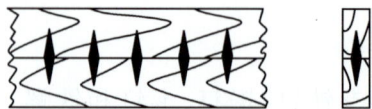

图 10-22　枣核钉拼合

2）铜钉与卡钉

（1）铜钉与挂铜。

铜是用铁锻制的木船构件连接的专用紧固件。铜体分三段，中间为铜板，扁平形，嵌入铜槽跨贴结合部件；两端为铜嘴和铜尾，分别钉入相邻板料或构件内部。有的长铜，铜板上有钉眼，用以加钉，提高其紧固性。按使用部位和强度要求的不同，铜有多种规格和形状，如图10-23所示。

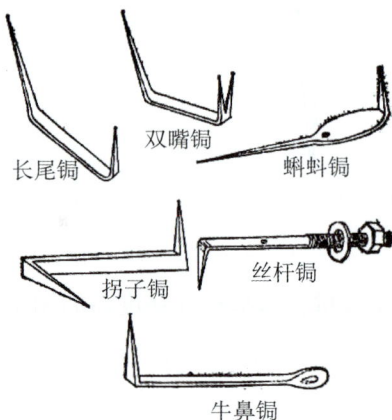

长尾铜　双嘴铜　蝌蚪铜

拐子铜　丝杆铜

牛鼻铜

图 10-23　铜钉

从出土古船显示的铜钉连接上看。如，出土的泉州宋船的舱壁与船壳板采用的挂铜和钉连方式，如图10-24所示。它的做法是先在舱壁上预先开铜槽，在外板上开孔缝，把铜(钉)由外向内打进并就位在舱壁的铜槽内，再用钉将铜钉钉在舱壁上。

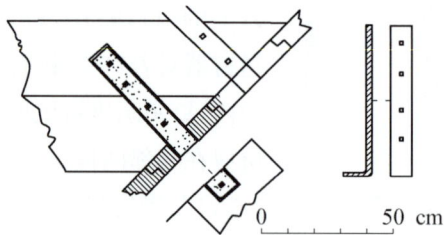

0　　　　50 cm

图 10-24　泉州宋船所用挂铜(铜钉)及其钉法

泉州法石乡南宋古船在应用挂铜或铜钉之前，是应用木钩钉将外板紧紧地钉在舱壁上。所谓木钩钉，实际上就是木质舌形榫头。它的安装方法是：先在

中国木帆船

底部外板贴近舱壁板前壁面交界处凿通一个 6 厘米×6 厘米的方孔,然后将木钩钉(木质舌形榫头)由底部外板外侧垂直打进方孔,使它的内侧面紧挨舱壁板的前侧面,再用铁钉把它与隔舱板钉合(见图 10-25)。

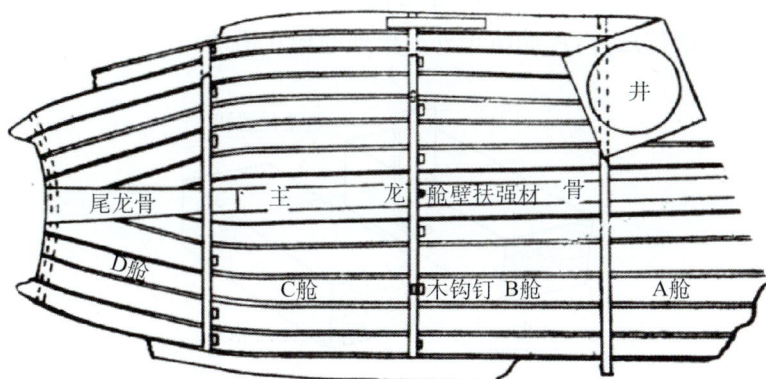

图 10-25　法石宋代古船及其木钩钉的分布

图中舱壁板前一系列小方形即木钩钉(舌形榫头),显然,因为铁器的使用较木器在后,技术上铁锔更为先进,所以说铁(挂)锔是对木钩钉(舌形榫头)的模仿、改进和发展。

元代新安沉船也是采用木质榫头连接舱壁和船壳(见图 10-26)。

在上海市嘉定县封浜乡出土的一艘南宋时期的木船上,在其船舱壁与底部外壳板的结合处也发现有宽背铁钩钉(挂锔)紧紧钩住外壳板并钉在舱壁上,如图 10-27 所示。

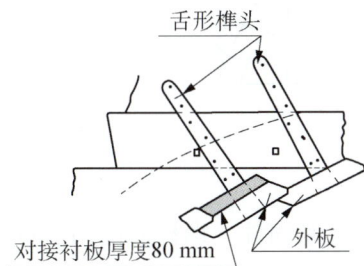

图 10-26　新安船的船中剖面结构
(局部)(采自李昌忆)

图 10-27　封浜宋船在舱壁与壳板结合处的宽背钩钉

可见,先进的挂锔(铁钩钉)技术,在宋代已是成熟的实用技术。

在出土的明代蓬莱古船上出现一种锔钉,按其作用则为定位锔钉。如图10-28所示,此种锔钉类似于挂锔的锔板,用在舱壁板一线,卡在二列外板之间,并能严格限定横舱壁的位置以避免舱壁在首尾方向的位移。锔钉的功能除能严格对舱壁限位之外,还能防止外板板列的相互错动。

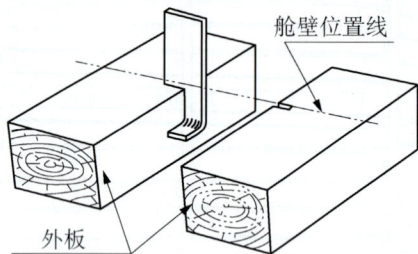

图 10-28　蓬莱古船舱壁板的定位锔钉

图 10-29　卡

（2）卡与上卡。

卡与锔的作用基本相同,也是紧固件。卡身扁平,两端为同向的与卡身成直角的尖脚,如图10-29所示。

上卡就是用两脚卡跨骑拼合缝口用以提高木板拼合强度的方法。一般用于橹、身板、搪浪板和隔舱板(见图10-30)。每隔二三枚钉加一只两脚卡,卡脚垂直钉入板内,短脚卡不超过板厚的一半,长脚卡穿透板料后必须回脚。

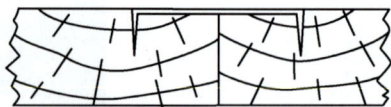

图 10-30　上　卡

3）螺栓

螺栓是铁制的丝杆和螺帽组合使用的连接紧固件。螺栓的使用引自西洋造船的连接技术,它的连接强度和密性是铁钉和锔钉无法达到的,尤其是在大构件连接的使用中。锔中的丝杆锔(见图10-23的丝杆锔),实际上是螺栓和锔钉的一种结合形式。

中国木帆船

近现代木船建造中,螺栓连接的方法得到普遍采用,连现代建造的仿古船也是如此,例如,舟山的"绿眉毛"船在建造中也是用了螺栓连接的。螺栓是中国学习西方的重要造船技术之一。

10.4 捻缝、打油

10.4.1 捻缝

捻缝是在木板料拼合的缝口捻入舱料的工艺,是保证木船水密和加强整体强度的一道关键工序。中国木板船很早就已经用舱料捻缝了,江苏如皋出土的唐代木船在船舱及底部均以铁钉钉成人字缝,其中填石灰、桐油,严密坚固。

1) 舱料

中国木船的舱料有油灰、麻筋及两者混合的麻板等捻缝材料。

(1) 油灰。

油灰由石灰或海蛎子灰和桐油混合而成,俗称腻子。油灰的油与灰的配料比例视不同灰料而异,经验取值是石灰与桐油为4∶1,蛎灰与桐油为3∶1。

油灰混合后,要用油灰机械或人力反复舂打,达到黏软、细腻,且没有生灰粒为标准。灰粉与桐油充分结合,能促进桐油的聚合而干结硬化,同时灰粉还起着填充剂的作用。

桐油是油桐树产的油桐子所得的甘性油,是中国特产。其化学成分是桐油酸甘油酯,易起氧化、聚合作用,形成的漆膜坚韧耐水。

石灰的主要成分是氧化钙,将石灰和桐油调和,能促进桐油的聚合而干结,并能生成桐油酸钙,有很好的填充、隔水作用。沿海地区木帆船多用海中的牡蛎壳烧制成灰,其主要成分与熟石灰相同,在烧制时只要将采集的死牡蛎壳,置于小窑中烧到一定程度,趁热取出用清水喷洒即自行粉碎,再筛取细灰。

(2) 麻筋。

麻筋又称麻绒,多用麻丝或麻制旧品(如旧渔网),先铡成短段,用麻筋机疏松成绒状,清除杂质后使用。

南方两广地区因地取材,较多地使用竹丝代替麻丝。竹丝是用砍伐生长一年以上的新毛竹,用刀将表面青皮刮去一薄层,再将内表皮细细地刮下,使之成为柔软的丝绒状。

（3）麻板。

麻板是由油灰和麻筋混合加工后形成的捻缝填料。它的混合加工是将油灰和麻筋按一定比例混合,用麻板机或人力操作工具反复翻动锤打而成板状,并达到充分混合、柔软适度即可。麻板一般用于填盖大缝口和填补板料浅腐烂层,有的也用于整个捻缝。

人工制作舱料时,先将细灰料放入桶中加入桐油,搅拌至没有结块,类似于糨糊状态,再将麻丝剁碎,铺平在操作台上,将调好的糊状油灰抹在麻丝上,使用锤子使劲砸,直到麻丝没有干的,抹上的油灰也都砸匀即可(见图10-31)。

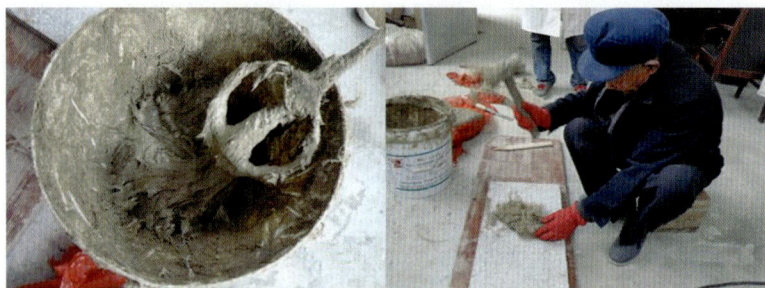

图 10‑31　油灰的调制和麻板的锤砸

在江苏如皋唐代木船的发掘报告中,特别报道了该船的捻缝技术:船舱及底部均以铁钉钉成人字缝,其中填石灰、桐油,严密坚固。

2）捻缝

木材的连接不论拼合得多么严密,一经热胀冷缩也会绽开或大或小的缝隙,这个时候就必须要拿舱料将其堵严。捻缝是为了确保木船水密性的工艺,船体完工后开始捻缝工作。船壳外板,水密舱壁板和甲板上层建筑等各构件之间的所有板缝及全船所有的钉、锔、栓、穴斗、孔眼均应经过捻缝后填满抹平,以保证水密和表面光洁。

凡是船体外表面各构件的裂缝深度超过材厚的十分之一时都必须捻缝修补,构件局部有腐烂、蛀蚀或其他缺陷时必须用打麻板的方法进行挖补填平。无论新船还是旧船,维修捻缝都是除了木作外工作量最大的,可以说,捻缝是修造木船的主要工种之一。

捻缝根据缝口的深度和宽度,有两灰一麻、三灰两麻等不同工艺。先在外缝口内抹一道油灰,铺入麻筋(见图10-32),用捻锤和捻凿从各种角度反复捣捻,达到灰麻充分捻匀、捻熟、捻实，并陷进两侧板边里面，然后再盖油灰。这就是两灰一麻。灰麻一次填得过厚，捻缝不易达到质量要求，较深而宽的缝口就得增加灰麻道数。例如，再增抹一道油灰，增补一道麻筋，就成了三灰二麻。黏合后仍为一体，不能有层次。内缝口一般盖一道油灰，并与外缝口的灰麻结合。如果缝隙较大也要进行捻缝。

图 10-32　铺麻筋

10.4.2　打油

　　打油又称涂油，是木船里外两面涂抹桐油、秀油的作业，是修造木船的最后一道重要工序。打油可使船表面形成凝固的油膜保护层，并渗入木材纤维内部，起隔水、隔潮和防蛀、防腐的作用。打一次油一般能维持一年。打油前，须将船体晾晒干燥，使油易于渗入。油未干前，夜间或雨天要遮盖船体，避免沾水影响质量。要根据具体情况，间隙地打若干道油，每道油都须用力反复抹匀。当头一道油干后，再打下一道油，最后打一道秀油。船上的木质属具是与船体一样须做打油操作。

　　秀油是桐油加入少量辅料炼制而成的浓度大于桐油的一种防腐油，以四川省秀山县的产品为优而得名；另有一种相似的洪油，以湖南省洪江出产为佳。

10.5　中国木帆船的船饰

　　中国木帆船建成后还会进行具有中国特色的装饰，即船饰，它主要包括雕刻、绘画、船旗及文字吉语等。船的装饰是舟船文化的重要组成部分，自船舶的出现后应运而生。每当我们观看中国古代帆船的图片时，总为那些丰富多彩的装饰惊叹不已。

生动的雕刻、鲜艳的彩绘、形制多样的船旗等船饰内涵丰富得令人浮想联翩。在船首雕绘被视作能察渔路、绕暗礁、识方向的船眼和在船首尾雕绘瑞兽等美丽图案、纹饰，招展飘扬的船旗，寄语美好的吉语文字等船饰，以不同方式表现不同的文化涵义。船饰用工艺美术表达船民的情感、意志、理想、愿望和企盼，这是船民情感的流露。

中国木帆船丰富多彩的装饰有着明显的时代性和地域性，中国木帆船装饰在清代得到完整的反映，海船装饰比内河船更为丰富。

10.5.1　会传神的大船眼

中国木帆船的船首两侧，总能见到一对炯炯有神的大眼睛，这就是大船眼，这对白底黑珠、水汪汪的大眼睛特别明亮，显眼动人，很有灵气。大船眼不是绘上去的平面图像，而是立体雕制而成的，当它安装到帆船上，有画龙点睛之效，使船一下子活了起来，航行海中的木帆船有如神龙般自由自在地遨游于大海之上，神韵十足。例如，在浙江的"绿眉毛"船船头的大船眼上方有条绿色船眉（见图 10 - 33），《唐船入津之图》中的清代海上运输船的一对船眼也格外醒目（见图 10 - 34）。

图 10 - 33　舟山"绿眉毛"船

图 10 - 34　《唐船入津之图》上的清代海上运输船

中国木帆船

150

渔民视渔船为"木龙",龙能呼风唤雨、腾云驾雾,而鱼虾服海龙,木龙可保岁岁丰收,年年有鱼。乘龙闯海、驶风破浪,可保四海平安,穿透的眼睛就是"木龙"的眼睛,是龙目,即船眼,后来货船也装饰船眼。

由于船首饰有船眼,使船舶外观亮丽、多姿,因而深得船民们喜爱。制作大船眼十分讲究,大多以樟木为料。在木帆船建造中,钉大船眼如同铺设龙骨一样,都要举行隆重的仪式。按祖传规矩,钉固大船眼的铁钉一般为三枚,船大的也有钉五枚的。其中有一枚铁钉非同一般,它必须钉在规定的位置:渔船必须钉在靠大船眼下方的部位,而其他船就钉在靠眼睛前方的位置。

钉大船眼需要选良辰吉日,并在潮水上涨时,方可进行。届时船主设台点香烛、烧纸钱、放鞭炮,热闹非凡。由最有资历的造船老师傅钉完大船眼钉后,还要用红布把大船眼蒙住,待到新船下水前进行祭祀活动时,船主再揭开红布,显露出一对圆睁睁的大船眼,这表示木船问世、大船眼开启,有引航驱怪、岁岁平安、年年有余之意。

10.5.2　美不胜收的雕刻彩绘

中国古船的装饰色彩缤纷,生机盎然。船舶各种美饰的追求和应用的目的各不相同,或用于地位象征,或用于安全祈盼,或用于避邪求吉,或用于恭贺喜庆等。

古船中的雕刻、彩绘装饰,主要布设在船首、船尾、两舷及附属构件上,通常会被雕绘饰以瑞兽吉祥物。船首常见张口的猛虎、雄狮,一艘清代三桅海船的船首面绘有前额写着"王"字的张口虎脸图案,非常形象(见图 10 - 35)。

船尾多饰展翅飞翔的大鹏、雄鹰,这些都是凶猛无比,镇恶辟邪的吉兽,是一种强大威慑力量的象征,由于船尾封板面积较大并有高大的尾楼,因此便成了被装饰的重要部位。绘画通常色彩鲜艳,船尾除了绘有大鹰外,还有太阳、海水和描述历史故事的人物,甚至还写上船名或是船主名。

图 10 - 35　清代三桅运输船

彩绘在福船上表现最为突出,在一条原为中国第一次参加1904年美国圣路易斯世界博览会时提供的船模展品的船尾不仅绘有大鹰展翅,还有龙、凤、鱼、云彩等,图案五彩斑斓,美丽至极,说它是一幅生动的绘画艺术作品也不为过(见图10-36)。彩绘常配"吉祥如意""顺风相送""福禄寿"等文字吉语。在一艘清代海上警卫船模型的船尾彩绘上就有传说中的代表"禄""寿"的人物等图像(见图10-37)。

图 10-36　清代福州船模船尾彩绘

图 10-37　清代海上警卫船模型尾部装饰

此外，还有在古船露出水面的两舷侧板上饰以绘图，连披水板上也有精美的彩绘图纹。在船侧的披水板上常见的彩绘图纹有云气纹或波浪纹等，用以表现天上飘忽不定的彩云和海面起伏不断的水波。《康熙南巡图》中的船，船侧彩绘了龙腾飞舞，骏马奔驰，增添了皇家气息（见图10-38）。

图10-38　《康熙南巡图》中的康熙皇帝坐船游江南

　　船侧的色彩因时间、地点的不同，也有所不同。以清代《唐船之图》中的中国木帆船为例，清代海船在主甲板以下的船壳面上大多用石灰粉涂成白色以防生虫，而浙、闽、广等地海运货船的舷墙板则被涂成黑色，而沙船型的南京船甲板以上却全部是橘黄色的。还有不同的，例如在浙江舟山一带有一种很著名的船，它的船身涂成黑色，其舷墙的前段被涂成绿色，刚好是位于大船眼的上后方，犹似弯弯的月眉，故称为"绿眉毛"船。广东潮州地区有一种海船，舷墙前段被涂成红色，大船眼是饰在其中后处，船头红色十分醒目故称"红头船"。

　　船上的绘画也通常绘在比较引人注目地方，所表达的内容十分丰富，有神话传说中的八仙过海、足踏莲花的南海观世音菩萨、脚踩火轮的哪吒等；历史故事中的人物；山水风景、花鸟走兽等，甚至还有绘制太极图的。

　　古船上层建筑雕绘格式、图案等虽与陆地建筑大同小异，但不论在雕刻的细腻精美程度上，还是彩绘形象的逼真等方面，古船上层建筑的装饰工艺都并不逊色。中国古船上层建筑的雕绘也十分讲究，装饰性很强，尤其是客船。雕刻的手法多样，有透雕、浮雕、阴阳雕等，内容非常丰富，大多表现鸟兽、人物、花草、云纹等,有的画面以高山流水、日出东升等自然景色为题材。古船的雕刻工艺又与绘画、镶嵌工艺融为一体,互相辉映。

船上油饰的颜色,自清代雍正元年起就有严格的规定,在《钦定大清会典事例》上有记载:"出海商渔船,自船头起至鹿耳梁头止,大桅上截一半,各照省份油饰。江南用青油漆饰,白色钩字;浙江用白油漆饰,绿色钩字;福建用绿油漆饰,红色钩字;广东用红油漆饰,青色钩字。船头两披,刊刻某省某州县某字某号字样。沿海汛口及巡哨官弁,凡遇商渔船,验系照依本省油饰刊刻字号者,即系民船,当即放行,如无油饰刊刻字号,即系匪船,拘留究讯。"

10.5.3　多姿多彩的船旗招展

中国木帆船置有多姿多彩的船旗,古船上配置船旗起于何时尚缺考证,但其最晚不超过战国时期是可信的。在北京故宫博物院馆藏的战国铜壶、成都百花潭中学出土的战国铜壶及河南省汲县山彪镇出土的战国铜鉴等上面出现的水陆攻战纹饰,都绘出了旌旗(见图 10 - 39)。

图 10 - 39　战国铜鉴的战船纹

迎风招展的船旗,既有标志识别船舶和指挥联络航船的基本作用,还起到美化装饰的功效。船旗的标识作用是明显的,如清代有的地方的漕船"进京打龙旗,出京打凤旗";史籍记载的"旗帜加其上,甚壮",说出了船旗的装饰效果;"帆樯林立,旌旗蔽江"的描写反映了古代战船在水战时的宏大场面,同时也表明船旗被古代兵船用作指挥联络的方式;而在节庆典礼时,船旗又起到了烘托喜庆气氛的装饰作用。

船旗通常被挂饰在船桅上,主桅顶上挂饰船旗不仅是装饰,还起到很直观的风向标作用。船行海上,彩旗招展,飘带飞舞,何等壮观。中国古船桅顶多挂三角形旗,各种颜色都有。在桅杆的上段处,置有船旗横杆,它是专门用来挂船旗和飘带的。旗形有方形、长方形、半月形等不同形状,飘带呈长条形,有的旗边和飘带边呈锯齿状或水波状。不同位置的船旗和飘带的形式、配色与其所处的位置各不相同,一般飘带与旗边颜色相同。清代舻旗柱(即船尾桅)上的船旗通常为长方形,旗色分上下两种不同颜色,船旗的不同颜色亦有着不同的含义,如福州船(见图 10-40)是上蓝下白,而广东船(见图 10-41)和宁波船(见图 10-42)却与之不同,分别是上白下红和上白下蓝。

图 10-40　《唐船之图》中的福州船

图 10-41　《唐船之图》中的广东船

图 10 - 42 《唐船之图》中的宁波船

古代战船在主桅杆上还设有望斗,上立兵士,以观察战情,在望斗的下方装饰类似于华盖的"斗衣"。宁波船、福州船、广东船的主桅上都挂有头巾顶。

北方船民多信奉龙王,南方船民多信奉妈祖,通常南方海船在船尾不仅设立妈祖龛,还竖立妈祖旗,《钦定福建省外海战船则例》规定,船尾竖立妈祖旗杆一根,长二丈,妈祖旗一面,长宽各五尺。

10.6　木船下水

木船下水如同铺龙骨和钉船眼一样都要举行隆重的祭祀仪式,各地木船下水的祭祀活动并不一致,大体上来说,北方祭龙王,南方祭妈祖。木船下水有多种方法,古代和近现代也有很大的区别。

10.6.1　古代下水方法

木船建造完成后的下水,在古代大体上有下面几种方法。

1）人力抬船下水

人力抬船下水适用于小船,如图 10 - 43 所示,多人在船两侧齐力用肩膀抬船移往下水的水域边缘。最早的独木舟也是采用抬舟入水的。

2）土滑道下水

滑道下水是利用水边的自然坡度用人力或绞关拖曳木船纵向下水。木船下

中国木帆船

图 10－43　抬船下水

水时船底与滑道坡面之间会直接摩擦，为了减小摩擦力，在这种土滑道上不断地泼洒水是最为经济和常用的方法。稀泥巴是非常有效的润滑剂，因此常被用来涂抹在坡道上。

　　我国早在金代就利用坡式船台并拖曳下水的技术，在《金史·张中彦传》记有："浮梁巨舰毕功，将发旁郡民曳之就水。（张）中彦召役夫数十人，治地势顺下倾泻于河，取新秫秸密布于地，复以大木限其旁，凌晨督众乘霜滑曳之，殊不劳力而致诸水。""秫秸"就是北方或黄河流域的高粱秸，新秫秸水分充足，抗压力强，摩擦系数小。故"乘霜滑曳"时，有"殊不劳力"之效。

　　还有一种在坡道铺设两根平行的纵向长木为基，在其上横向铺设圆木，船底置于圆木上，当拖曳木船时，船就能在圆木上滚动移位（见图 10－44）。

　　当然坡度越大越易下水，但是修船时使用绞拉上坡过于费力，一般坡度宜在 $15°\sim20°$。

3）船坞下水

　　船坞下水是指在船坞里造好的船的下水，船坞下水相对滑道下水来说显得容易一些，当在船坞里造的船的船体建造完成后，只要开启坞门引水进坞，船即可拖曳出坞。不过船坞的建造和坞水的抽排也是不小的工程。

图 10‐44　铺滚木下水

　　早在宋代就有船坞修船的记载,宋神宗熙宁时(公元 1068—1077 年),北宋大科学家沈括的《梦溪笔谈》载,为修理皇帝的大龙舟,"宦官黄怀信献计,于金明池北凿大澳,可容龙船。其下置柱,以大木梁其上。乃决水入澳,引船当梁上。即车出澳中水,船乃笉于空中。完补讫,复以水浮船"而出坞。它比英国 1495 年建造的第一个干船坞早四百余年。

4)浮墩下水

　　浮墩下水也称漂墩下水。枯水季节在河滩修造竣工的木船,利用水位上涨自然漂浮下水。浮墩下水比滑道下水少费人工,但必须掌握好水位变化规律,安排好施工进度,保证船体在水位上升到安全限度前竣工,并提前下锚、出缆,以防船被水冲走。

10.6.2　近现代木船下水

　　随着近现代技术的进步,木船下水方法也有了很大的进步。除了船坞下水外,利用近现代的下水工具和设施,有了多种下水方法。

1)有轨滑道下水

　　利用河岸斜坡可铺设木船滑行下水的有轨滑道,该滑道是两条平行轨道,一般都使用木轨,用一定规格的长木枋连接而成。两轨以适当的间距,上自船墩起,以一定的坡度伸至水边以下,中设若干道横撑,外侧加木桩固定。轨道地基必须修平、夯实,轨道下一般应垫枕木,使其能承受船体的压力和滑行惯性力。

使用时,轨面涂润滑油,以减小摩擦阻力。

木船下水时,船体搁在上面的沿轨道滑行的木板称为滑板。纵向滑板底面为槽形或内侧有凸缘,分别骑在两条轨道上滑行,可避免船体横移。

营运木船船体的修理需要用机械动力或人力绞车将船绞拉上岸,称为上坡。通常是通过滑道纵向绞拉上岸,平放在适当位置,以便上墩。

上墩,一般是采用千斤顶将上坡维修的木船船体顶升到适当的高度,垫上枕木支架或搁墩托住船体,以便施工。

新造或维修竣工的木船在下水前需将船体从托撑的枕木支架或搁墩上降到滑道的下墩作业。通常大船用若干千斤顶垫以木板,托住船底四周,撤去船墩或枕木支架,换垫上滑板将其搁在滑道上,木船徐徐下降,使滑板坐落在滑道上。下水时,用缆绳、绞车牵引控制,使船徐徐滑行下水,最后漂浮在水面上。

绞拉船时,滑板沿着木滑道滑行,船底只是搁在滑板上,滑板与滑道间发生润滑摩擦,船底得到了很好的保护,不致损伤船体。有轨滑道下水与土滑道下水相比,不仅对船体伤害很小,而且下水得平稳且迅速,可用于大型船舶的下水。但是,有轨滑道下水的技术要求高,是中国引进西方的重大造船技术之一。

2）轨道车下水

在水边铺设两条平行的钢轨,钢轨上置放小车,车下轮子能在钢轨上滚动,如同火车轮子一样。将木船置于小车上,靠机械动力绞车牵引,则木船可方便地上坡和下水(见图10-45)。

3）气囊下水

气囊是一种在柔性的橡胶胶囊中充入压缩空气或水介质,利用空气的可压缩性和水的流动性来实现弹性作用的一种装置。气囊是我国首创的一种船舶下水载具。

船用下水气囊由以橡胶为主体的复合材料构成,囊壁主要承受外界压力,分为橡胶密封层、帘线加强线和外

图 10-45　轨道车下水

层橡胶三部分。橡胶密封层用于密封内部的压缩空气,维持气囊压力;帘线加强线主要用于承担气囊的内部压力,所需的帘线材料和增强层数量视气囊受压强度而定;外层橡胶由抗老化和抗磨损的材料组成,以保护内部结构不受外界环境损伤。

气囊一般中间为圆筒状,两边为圆锥状,端部由锥形铁件将囊壁的三层结构联结在一起,以保证气囊的气密性和结构强度。两端的锥形铁件具有不同的构件,一端为铁环,用于固定和拖曳气囊;一端为压力表和阀门等,用于指示气囊充气。

气囊下水的方法就是先将很多个没有充气的圆柱皮囊放到船底下去,然后充气把船顶起来,拿掉下面的其他障碍物,再慢慢地把后面几个气囊放掉一点气,将船体放成有点后倾的样子,最后在船前面稍施以顶推的动力,船就自然而然地往后面的水里去,这样船就下水了(见图 10 - 46)。

气囊下水的方便简单有效和承载能力大的优点在过往使用中得到了充分的展示,并得到了广泛应用,也经常被大型的钢船所采用。

图 10 - 46　仿古福船"福宁号"下水

4)起重吊运和小车载移下水

近现代的起运工具常被船厂用于小型木船的下水。例如,用起重吊车直接将木船吊起和用平板小车载上木船,然后运至河边即可下水。

中国木帆船

运营中的木帆船在各种外力作用、自然环境的影响下会有所损坏,为了保持木船的良好技术状态,必须对木船进行维修和保养工作。

按木帆船的维修与保养的作业时间间隔可分为定期修船、短时间间隔保养和日常性保养。

10.7.1 修船

木帆船经过较长时间的运行后船体以及各种船用属具等必然会有较大的损坏,尤其是船体部分板缝的舱缝料的脱落、铁钉的锈蚀、船体构件的变形,甚至出现船板裂缝和构件断裂,船板附着海生物及虫蛆的侵入等,舵、锚、桅、帆、绞关等也会面临不同程度的受损。因此,在间隔一定时间后进行维修是必须的。

运营时间越长的船,它的损坏也就越大,维修的工作量也就越大。为此木帆船维修一般分为小修、中修和大修,通常一年为小修,三年为中修,五年为大修,然后再视木船结构的实际,以定拆船处理。各地区、各种船的维修间隔时间并不相同,有的甚至相差很大。

另外,除了木船偶然的局部损坏需即时修理外,当发生危险时也要立即抢修以保安全。

10.7.2 短时间间隔的保养

短时间间隔的保养一般是指不超过一年的较短时间间隔的维修,如燂船、涂蛎灰、染帆、浆帆、油篾篷、锚及锚链防锈、篾缆和麻绳防腐等。

1)燂船

为抵御船蛆等对木船的危害,使木船能够更加安全和有效地使用,我国沿海船民在实践中较早并普遍采用了燂船的做法。

燂船是一种用文火烤船的灭虫防腐方法,也称为烤船。在海滩上选定好位置,铺好垫墩用以搁船,利用大潮驶船上墩,退潮后洗净船壳水线以下部分,燃干草燂一遍,将附着的寄生物和钻进壳板里面的虫菌烤死,擦净后,涂抹桐油或防腐漆,待下次大潮时,浮墩下水。每年至少燂船一次。图 10-47 所示为燃干草燂船。近现代的燂船已经改用喷火灯喷火来替代燃干草了(见图 10-48)。

图 10 - 47（a） 燃干草燂船

图 10 - 47（b） 燃干草燂船

图 10 - 48　喷火燂船

燂船的主要环节分为：

（1）铲，用铲子等工具将船底和舷侧板的附着生物与钻孔生物铲掉或刮除。

（2）洗，用海水或淡水将铲、刮后的船身洗净。

（3）落，将木船搁置于指定位置，并落位形成作业空间。

（4）烧，用火烧船体，并控制火势大小与火烧时间。

（5）扫，将火烧后的船体清扫干净。

（6）补，检查板缝，若有脱漏或损坏，以油灰做捻缝修补。

（7）油，船体涂桐油或油漆加以保养。

在不同的历史时期，各地区在燂船的具体做法上大体一致，但在主要环节、时间频率等方面则有一些差异。

总之，燂船的具体做法，与各地的自然水域条件、气候温度以及木船的品质和实际使用情况等因素密切相关。

2）涂蛎灰

南方沿海地区航海木帆船常采用蛎灰涂抹船壳的方法以达到防蛀防腐的目的。利用大潮驶船上墩，退潮后，洗净船壳水下部分，用蛎灰加水和成糊状遍涂船底外表面，晾干后，即形成一道蛎灰隔离层，可避免壳板附着寄生物和早期腐蚀，涂抹频率在三个月一次。

3）染帆

染帆是用某种天然染料浸染棉布帆，使雨水不易渗入棉纤维内部的防腐措施。按地区不同，有的使用薯莨块茎或槲树皮，南方有的使用龙眼树枝，将其捣碎浸汁或煮汁，作为染料。将帆的棉布置于汁中，浸泡一定时间，取出晒干；有的反复浸晒数次，使白布变成赭色。经过浸染的布帆，到达手感僵硬黏滞，水滴到布上成珠不散的程度，才能提高帆布的防腐、耐用性能。染过的帆布一般用过一年后，可以拆开再染。

4）浆帆

浆帆是山东沿海一带木帆船的布帆防腐方法。原料是用龙口所产的一种白土，除去杂质，加清水调成细浆，涂刷于布帆上。浆帆后的布帆不仅防腐耐用，而且色泽美观。用过一段时间后，须再次涂浆。

5）油篾篷

油篾篷是在篾篷上涂防腐油的作业。对新篾篷，要先打一二道菜油或棉油，涂黄蜡，抹平缝口，用竹刷刷光；晒干后再打二三遍秀油。有的在第一遍秀油内渗入 1/10 的黄蜡和适量的桐油。这样处理过的篾篷经久耐用。对旧篾篷，每年要打油二三次，每次用草木灰水或碱水清洗、晾干，然后用秀油掺适量桐油打一二遍。也有用砂石将篾篷表面磨光后再涂油。

6）锚、锚链防锈

将铁锚和锚链烧红后，用适当掺水的桐油或从船上刮下的油层渣洒上去，继续烘烤，使表面呈暗红色并形成油膜，就具有防锈的作用。每年须如此处理二三次。现在多已经使用防锈漆作涂料，以防锚、链锈蚀。

7）篾缆和麻绳防腐

篾缆的防腐，对新篾缆用石灰水煮，可防虫蛀，如再用盐水煮一次，能增加韧性。篾缆每次用过后，要将泥沙洗净。晒干，防止产生黑斑或霉点。

麻绳的防腐，取鲜猪血存放数天，待发酵毕，将新麻绳浸入二三天后取出，再放入净水中煮一二小时、晾干，呈酱色，手摸有僵硬感，强度不降低耐用性提高。

以后每年都须按此法处理一次。

10.7.3 日常保养

木船的日常性保养工作,包括抹船、洗船、晾舱、油天缝和打火针等。

1）抹船

用洗把拭抹船壳和船舱,早晨抹露水,傍晚抹灰尘,雨雪后随时抹干。

2）洗船

每次卸货后,用水冲洗舱内外和满载水线以下的水垢、污泥等,并随即抹干。

3）晾舱

晾舱是将船舱敞开以进行通风、晾晒。木船每次卸货、洗抹之后,盖篷、舱盖板和垫舱板都暂不装上去,让舱底敞露一定时间。有时即使不洗船,也要晾舱,以通风散热、散潮、减少霉菌滋生机会。存放在舱内的植物纤维绳缆、帆等,也要注意晾晒。

4）油天缝

对木船甲板上小裂缝进行涂油的作业称为油天缝。木船甲板上缘即朝天的一面,因烈日烤晒或气候干燥收缩会产生的小裂缝,需使用秀油或桐油掺少量黄蜡涂上去,防止裂缝扩大而漏水。

5）打火针

为了消除木船板料上的黑斑和霉点,用烧红的铁纤在患处密钻若干较深的眼,将水分烧干,再注入烧沸的桐油,以杀菌、防腐。有的地方用喷火灯代替火针。

11 古沉船发掘与复原

古沉船本身就是最重要的文物,古沉船的发掘与复原对船史、航海史、海外交通与贸易史等学科具有不可估量的研究价值。古沉船的考古发掘有陆上、水下和整体打捞三种方式。古沉船的测绘是考古的重要工作,测绘图是复原的基础,古沉船的复原追求历史的真实性、可靠性和科学性。古沉船的复原大体有沉船残体拼装复原、延伸复原和整体设想复原。

11.1 古沉船的考古发掘价值

11.1.1 中国古沉船考古发掘成果斐然

中国古代水上航运发达,造船技术先进,历史沉船也颇多,这些出土(水)的古沉船以及船舶属具等实物与史料记载从不同的侧面互为补充和印证,使中国古代许多先进造船技术得以生动地展示。例如,中国的平衡舵和升降舵、带有流水孔的水密隔舱壁、防摇的舭龙骨和最早的车轮船等,这些技术发明牢固地确立了中国古代造船技术在世界造船史上的领先地位;具有可驶八面风的船帆和可倾倒的帆桅、具横杆的木石碇和木锚的特色属具;各种结构的连接与补强及捻缝等工艺,都显示了中国古代船匠的聪明才智。

自 1956 年山东梁山出土了一艘明代河船以来,相继出土了不少古沉船,2010 年 9 月又在山东菏泽出土了一艘元代河船,引起了广泛关注。1974 年福建泉州宋代海船的出土引发了古沉船考古研究的首次高潮,近期的"南海 1 号"和"南澳 1 号"古沉船水上考古更是举世瞩目。陆续出土的古代海船有宁波宋代海船、泉州法石宋代海船、象山明代海船、两艘蓬莱明代海船和韩国新安出土的中国元代海船,极大地丰富了中国古海船考古资料。

现已探明的中国古沉船不论河船还是海船数量众多,近 50 年来中国古沉船不断出土(水),中国古沉船考古高潮迭起,考古研究硕果累累。

11.1.2　沉船本身是最重要的文物

船舶是水上运载工具,通过它才能实现物质和人员的水上交通,才有海外贸易和人文交流,因此,古沉船必定是海外交通史研究的重要考古对象。古沉船对航海史、海外交通史、海外贸易史、海外人文交流史及造船技术史的研究价值是不可估量和不可取代的。尤其对造船技术史,它是最直接的考古文物。

古沉船如果是在满载航行中沉没,那么,当它出土(或出水)时必将伴随着大量文物的出土(水),这些文物中不乏价值连城的珍品,这已被许多古沉船的发掘所证实。不过,光看到这些出土文物是远远不够且片面的,因为古沉船本身相对船载物而言,它是体型最大、最珍贵、最重要的文物,这已成为考古工作者对古沉船的共识。有了这样的认识才能把沉船本身的考古放在应有的位置,才能避免和减少古沉船考古时因无意中的失误而产生的不必要的损坏。

11.2　古沉船考古发掘

古沉船的沉船位置原本都是在水底下的,但一些原来比较靠近水岸的沉船由于水域的历史变迁,原来的沉船位置已成陆地,因此,沉船的位置有的被埋藏在泥沙沉积而成的陆地下面;有的远离水岸的沉船却仍然被水所浸没还是沉在水底。故而,古沉船的考古发掘有陆地和水下之分。

水下考古是指对包括沉船、海港、海洋聚落等人类海洋活动的遗物、遗迹进行全方位考察的过程,水下古沉船考古是水下考古中最多见的一种。

显然水下考古技术要求要比陆上考古高得多,水下考古发掘也要比陆上考古发掘的难度大得多。中国开创的沉船装箱整体打捞发掘是陆地和水下考古发掘的结合。因此,古沉船的考古发掘有陆上考古发掘、水下考古发掘和整体打捞考古发掘三种方式。

11.2.1　古沉船陆上考古发掘

陆地古沉船一旦被发现,就在陆地上进行考古发掘,只要将覆盖在其上和沉船内的淤积泥土挖掘清除干净,沉船便会裸露出土,即可展开考古发掘工作。山东菏泽元代河船(见图 11-1)和"蓬莱 1 号"海船(见图 11-2)的出土现场都显示了沉船的袒露景象。当然,土层厚的古沉船发掘工作量就大。

图 11-1　山东菏泽元代河船出土现场

图 11-2　"蓬莱 1 号"船出土现场

11.2.2　古沉船水下考古发掘

20 世纪 60 年代以来,随着水下轻潜技术的应用,使得考古学家沉潜水下进行考古成为可能,并得到迅速发展,开拓了考古学全新的领域——水下考古。水下考古中发现最多的水下遗物、遗迹是沉船,因此最多见的就是水下沉船的考古。

水下考古离不开专业潜水员的水下作业。中国水下考古工作始于 20 世纪 80 年代,并已取得了令人瞩目的可喜成果。

由于水下古沉船水下考古和残体构架打捞出水的难度较大,因此,水下古沉船的考古发掘通常安排在水下沉船现场完成水下照相、测绘等作业后,再将古沉船构件拆散打捞出水。水下古沉船构件拆散打捞是先将水下的船体残存结构件拆散成小的结构件,甚至单构件,并给构件编上构件号,然后逐件打捞出水暂作收藏。在宁波象山出水的"小白礁1号"就是采用的这种方法。

　　"小白礁1号"船体出水构件共计达236件,其中龙骨3件,肋骨及相关构件73件,船壳板94件,舱室构件65件,桅座1件。

11.2.3　古沉船整体打捞考古发掘

　　古沉船整体打捞是先将沉船整体装入定制的钢质体箱,然后起吊出水运至预定的存放处的作业过程。虽然古沉船整体打捞可以保持沉船的整体性,有利于沉船残体和随船文物的有效保护,但打捞代价昂贵。

　　"南海1号"就是采用沉船整体打捞出水的方法。沉船在水下装入一个沉箱里,连同沉箱一起提升出水,并入住位于广东阳江为它特建的"水晶宫"里,以保护沉船和船载文物。

　　"南海1号"沉船整体打捞的主要步骤是:沉船外围散落文物清理、沉井定位与静压下沉、穿引底托梁和沉箱起吊出水与拉移进馆(见图11-3)。

图11-3　装载"南海1号"整船的沉箱被吊起出水

　　"南海1号"在沉箱入馆后,抽去浸泡着沉船的海水后,就逐步地开展清挖海泥和提取船载货物等发掘考古工作(见图11-4)。

中国木帆船

图 11－4 "南海 1 号"船载货物清理现场

"南海 1 号"是 2007 年 12 月 22 日在广东省川山群岛的上川岛与小川岛间海面成功出水的一艘远洋贸易商船。"南海 1 号"是对"海上丝绸之路"研究的最直接的实物史料，它对古代航海史、造船史、海外交通史等专业史的研究都有着不可估量的文物研究价值。

"南海 1 号"沉船整体出水的打捞方式取得成功是世界首创之举，开启了我国水下古沉船整体打捞出水的先河，从而使中国水下考古跻身于世界先进行列。

11.3　古沉船测绘

古沉船的考古包含了遗址的定位、测量、照相和绘图等，古沉船的测绘是第一时间以视频、照片和测绘图真实、准确地记录古沉船的出土（水）状态和原始面貌。它们是古沉船最可靠、最基础和最重要的第一手研究资料，被研究人员高度重视。通过古沉船测量数据精细绘制古沉船测绘图是考古的主要工作。

古沉船的测绘技术通常有数字摄影测绘技术（见图 11－5）、三维激光测量技术等（见图 11－6）。

古沉船测绘图需按一定比例绘制，主要表达了沉船残存的总体大小、沉没船向、构件分布、散落构件位置等信息。

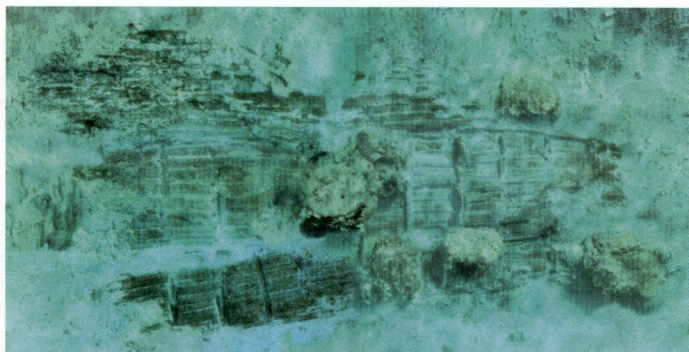

图 11-5 水下摄影的"华光礁一号"古船船体残体

图 11-6 "南海 1 号"使用三维激光测量技术

11.3.1　陆地古沉船测绘

　　陆地古沉船的测绘相对于水下古沉船的测绘而言要简单得多,现以山东菏泽元代河船考古为例,图 11-7 就是该船的考古测绘图。

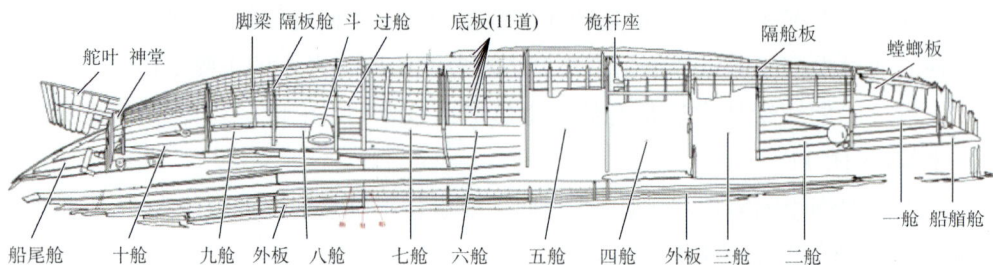

图 11-7　山东菏泽元代河船考古测绘图

11.3.2　水下古沉船测绘

　　水下古沉船的测绘是在水下测量记录,得用特殊的水下绘图工具在水下现场进行绘图,它的测绘技术含量、工作难度及对测绘人员的素质要求等方面是陆上古沉船测绘工作所不及的。图 11-8 是"南海 1 号"水下考古进行中的示意图。图 11-9 是水下考古人员正在对"南海 1 号"做水下测绘。

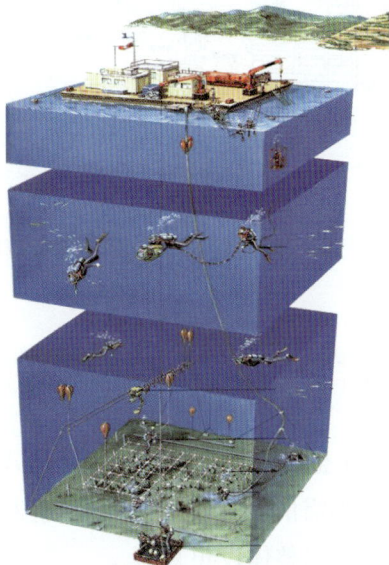

图 11-8　"南海 1 号"进行水下考古示意图

图 11-9　"南海 1 号"进行中的水下测绘

水下古沉船的测绘图以"华光礁一号"古船考古实测图（见图 11‑10）为例。

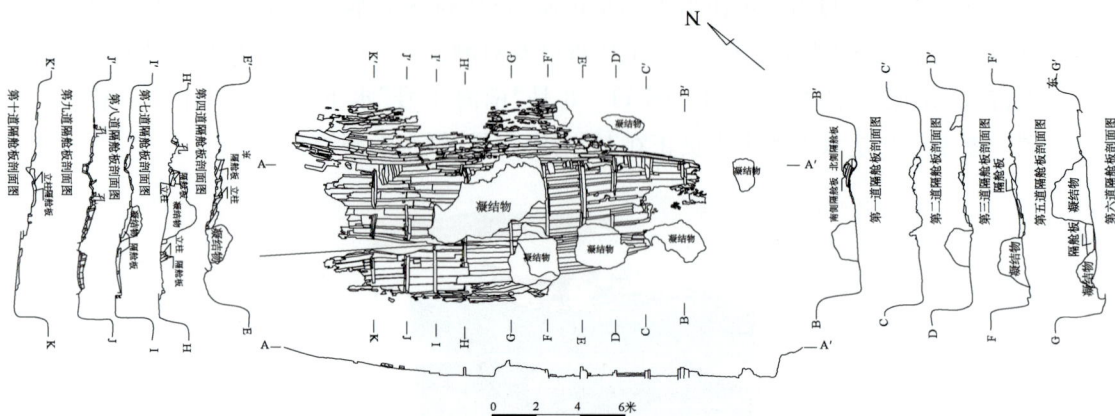

图 11‑10 "华光礁一号"古船考古实测图

11.4 古沉船复原

古沉船残体存在的不完整可以说是必然的，只是残缺的程度不同而已，因此，对古沉船的发掘复原是必需的。古沉船的发掘复原按其程度可分为沉船残体拼装复原、延伸复原和古沉船整体设想复原。

复原的真实性、可靠性和科学性是复原的追求所在，是古沉船研究的重要方面。在古沉船的发掘复原中运用如下六个基本原则是非常有效的：①船体左右的对称性；②船体曲面变化的趋向性；③船体表面的光顺性；④构件在位的功能性；⑤拼装构件的对应性；⑥构件连接的铁钉钉眼的唯一性。

11.4.1 沉船残体拼装复原

沉船残体拼装复原是指将沉船残体的发掘构件拼装成形的复原。

古沉船残体往往在出土（水）前，构件已严重地散架或沉船为移位的需要，不得不人为将残存拆散运输或进行水下散架打捞。这样古沉船的复原首先得将分开了的残体构件进行拼装成形。

沉船残体拼装时先按构件的编号，将各部位的相邻构件拼接并确定其在船上的位置，然后将拼装构件置放在预先制好的托架上。托架有用钢材的也有用木料的，它以龙骨为基准先置纵向托梁，再以舱壁或肋骨所在位置上的舱壁或肋

中国木帆船

骨外缘型线为准并计及板厚设置横向托架,构成船的托架。蓬莱古船就做了沉船残体拼装复原(见图 11-11)。

　　沉船残体相邻构件拼装对位,除了弄清楚连接构件之间的构件关联外,连接构件的相对位置可用查找和核对彼此构件的钉痕特征来确定,因为构件的钉眼具有唯一性,所以核查钉眼的方法是非常准确的(见图 11-12)。

图 11-11　在托架上的"蓬莱 1 号"古船残体拼装复原

图 11-12　菏泽元代河船残体拼装复原中在核对钉眼的痕迹

11.4.2　沉船残体延伸复原

　　沉船残体的延伸复原实际上是还原沉船船体"真实性"的考古修复,它是在出土(水)的沉船被拆散的构件拼装成形复原的基础上,做沉船残体的延伸来复原整个船体。

鉴于船体的外形不具有陶瓷器的轴对称性,只有船体的左右对称性,因此,沉船残体的延伸修复比轴对称的陶瓷器的难度大得多。沉船的延伸复原除了充分掌握船舶左右对称性外,还得依船体形状的变化趋势和船体表面光顺连接的原则进行延伸处理。

不过,补缺延伸部分复原的真实性和精确性主要取决于沉船残体留存的程度和复原人员的学识和经验。研究学者对复原船体有不同的复原取值是很正常的。例如,沉船一般最易缺失的是船首、船尾、甲板和舷侧板等部位结构,此时所进行的补缺延伸所得出的船长、船宽、型深的取值就不可能完全一致。

以泉州宋代海船为例,它的残骸长为24.20米,宽为9.15米,深为1.98米。有的学者据残长,将各舱壁及首尾轮廓线顺势外延,初估船长为30米。使横剖线光顺地向上过渡,甲板处的宽度至少应为10.5米,这时满载水线处的宽度为10.2米。后又据许多史料都指出的"海中不畏风涛,唯惧靠搁""海行不畏深,惟惧浅搁",加之该船是一艘宋代远洋海船,它的吃水应该较深,具有较好的航海性能,依各种尺度比值的分析对比后,船舶吃水取为3.75米,型深为5.0米。再根据残存舱壁的形状可以判断该船具有尖瘦船型的特征,所以取方形系数为0.44,则估算得沉船排水量约为454吨左右。图11-13为泉州宋代海船的复原横剖线草图。

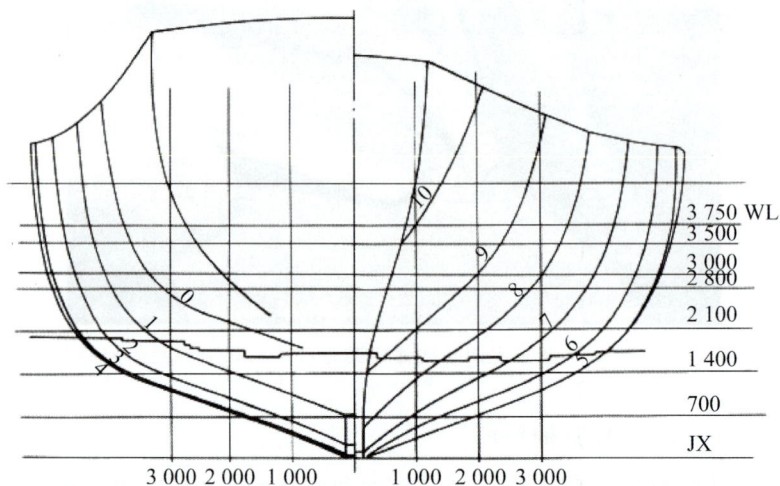

图 11 - 13　泉州宋代海船复原的横剖线草图

这组复原取值得到了其他学者的认同,只是在型深的复原取值上另有 4.15 米、4.21 米之议,此差异是由沉船的舷侧板残存实在太少所引起的,这不足为奇。图中标注线(高度约为 2.0 米)以下为根据实测值精确、绘制,标注线以上的为复原的结果。

在拼接并修补延伸缺损部位时,修补部位的材色应与原残体有所差别,以显示延伸痕迹,这样便可清晰辨别哪些是原沉船残体,哪些是延伸复原部分。延伸补缺部分的构件与沉船原构件的色差能很明显地展现沉船残体的原本状态以及整个主体的面貌。

山东菏泽元代河船的沉船只残存船底和右侧部分船体构件,该船在沉船残体拼装复原的基础上进行了补缺拼装的延伸复原,鉴于该沉船的左侧船壳构件基本丢失,对此遵照船舶左右对称性原则进行了左侧船壳的全面补缺复原,同时将残存船舵同样地做补缺复原,效果甚佳(见图 11 - 14)。

图 11 - 14　菏泽元代沉船残体的延伸复原效果图

11.4.3　古沉船整体设想复原

古沉船的发掘复原仅是沉船主船体的复原,作为完整的古沉船复原还应该包括主体以上部分的结构和设备的复原,例如,舷墙、舱口、舱室、船楼以及桅、帆、舵、锚、绞车等的配置和在全船的布置。

鉴于沉船主体以上部分往往被丢失,此时的沉船复原主要是靠对沉船的船型、船种等的分析并结合史料综合研究,可见,这种复原存在一定的推测性或是复原的多种可能性,所以称其为古沉船的设想复原。

设想复原的可靠程度取决于对沉船信息掌握的多少和复原研究的深浅。

设想复原完成的结果反映在复原图纸资料或复原船模以及与沉船原大的仿古船上。主要的复原图纸资料一般是：型线图、总布置图、基本结构图、横中剖面图、帆装图、舾装属具图及静水力曲线图等；复原船模可根据需要按一定比例制作。

图 11－15 所示的"蓬莱 1 号"船的总布置及帆装图，就是设想复原的一例。

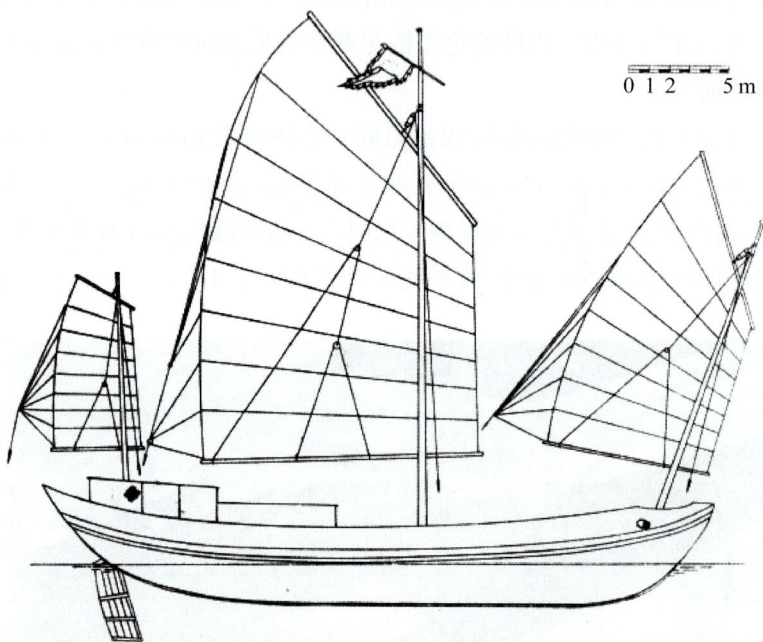

0 1 2   5m

图 11－15 "蓬莱 1 号"古船总布置及帆装的设想复原图

12 古沉船保护与研究

古沉船的保护主要体现在材质、材形和材色三个方面,由于木质船舶出土(水)后极难保护,因此这对力求达到保护古沉船的真实性和保存的长久性的要求造成了很大困难。古沉船的研究涉及面很广,就其主要内容来说一般可分为古沉船的总体研究和古沉船本身的船舶技术与建造工艺等研究,本章仅以泉州宋代海船为例进行阐述。

12.1 古沉船保护

12.1.1 古沉船保护的目的意义

木质的古船船体构件发掘出土(水)后,由于所处环境的剧烈变化,原埋藏环境之间的平衡体系被打破,不仅使原有劣变进程加速,还会引发许多新的病害。

古沉船保护的目的是体现在保护古沉船的真实性和古沉船保存的长久性。当然,古沉船保护的真实性和长久性都是相对而言的,对不同的古沉船残存和采取不同的保护措施会有不同程度的保护效果,最大限度地提高被保护古沉船的真实性和长久性是古沉船保护工作的追求目标。

古沉船的保护贯穿了自沉船发掘出土(水)、移位、保存到复原修复,直至公开展出的全过程。

木质古沉船发掘出土(水)后受到温度、湿度、氧化、光照、虫蚀等自然环境的影响,必定会在材质、材形和材色等方面发生变更且不利于保留原始的样貌,尤其是材质发生腐烂变质,强度减弱,若不科学地妥善保护,那么沉船时隔不久就会被毁掉。

木质古沉船长时间的保护难度很大,所以古沉船发掘出土(水)后的保护成了古沉船发掘的一个重要工作。若古沉船残体或拆散的构件必须装运移位,那么保护不当的话也将会造成不同程度的受损。

木质古沉船保护的内容包括材质、材形和材色三个方面。虽然材质保护是最主要的,但对于古沉船的保护而言,船形是研究古沉船技术的一个重要原始信息,保护船形是绝对不能忽视的重要问题。

可以说,成功的古沉船保护是古沉船的复生和古沉船的生命延长。

12.1.2 古沉船材质和材色的保护

1)材质保护

针对古沉船出土(水)环境、残存状态与发掘打捞方法等不同情况,应采取不同的保护措施。古沉船出土(水)的打捞环境,包括沉船于海底还是在陆地、室内还是室外、地处高温潮湿的南方还是低温干燥的北方等;沉船的残存状态,表现在残存量的多少、船体沉没的体态、船体坍塌变形的程度以及构件散落分布的情况等;综合考虑上述情况,进而确定沉船是整体打捞还是采用拆散船体构件发掘的打捞方案。

不同情况下采用的不同保护措施不外乎会涉及清洗、保湿、保温、通风、防晒、脱盐、脱硫、脱水、防腐、化学处理等。不同沉船采用措施的选项多少也不尽相同。各项保护措施简介如下:

(1)清洗。

清洗通常使用海绵、软毛刷、竹刀、竹签等工具配合水流冲刷,目的在于将古船船材表面上的泥沙结层、附着水生物等全部清除掉,同时保证不能使船材受到损坏。

(2)保湿。

对沉船残体和构件的保湿措施也是多种多样的。

例如,对已完全暴露出来的古船,在古船船材上铺架稻草,稻草与船体隔开,通过向稻草喷水并覆盖塑料布保湿,营造出船材的湿润环境。对古船船材的受腐和海蛆侵蚀严重,埋藏层位深的情况,则采取淤泥覆盖、喷水保湿等措施。当然,这是很原始的临时性的保湿措施。

对"小白礁1号"来说,打捞现场正遇夏季,气候炎热,海上风大,空气流通速度快,对暴露在空气中的船体构件会产生不可逆转的破坏,因此,需要定时进行喷水保湿。喷水保湿后在其上覆盖不透明的塑料布来避光保存,并定时检查喷水保湿效果。这种方法用于数小时至一两天的短时间内的存放构件的保湿。

若船体构件需要搬运移位的话,则需对构件进行保湿包装。保湿包装可用吸水性强的宣纸或其他类同的吸水纸包裹船体构件,然后喷洒防腐剂,再用聚乙烯薄膜包裹密封。"小白礁 1 号"的保湿包装正是如此做的。

(3)防晒、保温。

发掘作业在阳光曝晒下势必会造成饱水船体和构件快速脱水,必将引起古船船材的开裂、翘起、起层等伤害出现。搭建遮护棚是防止日光曝晒船体所最常用且有效的措施,在遮护棚周围进行半封闭围挡,以减缓古船发掘工地的水分蒸发。遮护棚顶上遮阳,四周较封闭,除防晒、保温外,还防雨淋,这样可营造出适宜的发掘和保护环境(见图 12-1)。

图 12-1 蓬莱三艘古船发掘现场保护情况

存放在室内的古船和构件,一般需要将室内温度保持在 15~20℃,室内湿度在 65% 左右。

(4)脱水。

古船体和构件的脱水要根据出土木船的材质、保存状况来选择。木船可采取的脱水方法有自然脱水、PEG、乙二醛等方法。在选取脱水方法时一定要慎重。

古船体和构件的脱水方法通常是将古船船材离地垫起摆放,使古船船材四周通透,便于饱水的古船船材水分子的溢出,以及聚乙二醇材料的渗透。另外,离地架起船材,这样能有效地避免古船船材腐朽现象的发生。

跨湖桥独木舟,采用聚乙二醇加尿素加二甲基脲复合浸泡溶液进行脱水保护。

古船船材的脱水往往会带来木质的收缩变形,这与脱水的均衡性和快慢也有关系。

（5）脱盐、脱硫。

长期浸泡在海水中的沉船船板等木质构件含有大量的含氯离子的盐类，这是必须去除的船板致命隐患。

脱盐是木质海船的船材保护修复过程中的必需步骤，主要采取浸泡、喷淋、纸浆吸附等方法。

西沙"华光礁1号"的脱盐和脱硫工作是这样做的，最初，将船体构件用塑料膜包裹后浸泡在露天的脱盐池中，定期换水以加速脱盐。但因池水不流动，船体构件容易产生藻类，且外面包裹的塑料膜不利于保护，所以后来加装了水循环系统，定制了一批铝合金架子用于摆放船板的船体构件，脱盐效率得到了提高。又因为在室外的脱盐池浸泡液中溶解的氧会使得已经严重降解的有机质进一步降解，加之海南的高温、强紫外线会促进露天放置的船体构件的氧化降解，所以，特地修建了沉船保护室，内置循环水装置，另配以两台去离子水机，自此开始了船体构件在室内的保护。

虽然经过4年的可溶盐的脱除处理后，船体构件大量的可溶性盐类已消失，但仍存在有相当数量的难溶硫铁化合物。针对此情况，随即采用EDTA二钠盐溶液进行脱硫作业，见有成效。

（6）防腐、防虫。

对古船船材的防腐通常采用喷洒防腐剂的方法，"小白礁1号"当时是用5%浓度的硼酸，喷砂（7∶3）溶液作为防腐剂。"蓬莱2、3、4号"明代古船船材表面露出后，下部仍埋于淤泥中，文保人员采取往船体和构件表面喷淋75%的医用酒精，以抑止古船船材表面的细菌生长。

对"水晶宫"展厅内"南海1号"的海水，采用臭氧灭菌等海水处理技术，杀灭海水中海蛆等海洋生物，对古船船材进行保护。

（7）船材化学处理。

国际上对出水沉船木材的保护方法有：聚乙二醇渗透喷淋法、松香石蜡热渗法、蔗糖渗透法等。可根据古沉船出土（水）的实际情况有针对性地选用不同的方法。

"蓬莱1号"古船出土后先全部清除掉古船船材表面结层，然后采用了喷涂5%聚醋酸乙烯酯丙酮溶液和喷涂生桐油的保护方法。

渗透进去的聚醋酸乙烯酯将支撑起木材凹陷的细胞壁。聚醋酸乙烯酯是一种聚合而成的高分子化合物,黏着力很强,耐酸碱,用聚醋酸乙烯酯保护古船船材,无论是从实验效果,还是从古船船材的应用效果看,都极为明显。

喷涂生桐油保护木船船体是我国造船的传统技术。蓬莱元朝古船采用优质的生桐油喷涂在船体上,油膜干燥后,形成了一个稳定的保护层,起到隔绝空气、防氧化、防潮、防晒、防大气腐蚀等保护作用。

泉州宋船限于当时的技术条件,采取过"埋沙脱水"自然阴干法脱水,后采用松香石蜡热渗法保护。将熔化的松香石蜡混合物用刷子涂在已加热的船板上,边涂边烘烤,直到古船船材吸收不进去为止。同时还采取了聚乙烯醇、聚乙二醇渗透加固保护等保护技术。

以上仅介绍了一些我国在出土(水)古船的当时对船材质保护所采取的措施,随着保护技术的快速发展,现在各古船保护单位都采取了许多新技术和新措施,使得木质古沉船得到了更好的保护。

古沉船的材质最主要的是木质材料,除此之外,还有铁钉、铁环、篾席、布篷、艌料等非木质的零部件,这些都是古沉船发掘保护的对象。尤其是铁钉的用量较大,在复原中的构件定位起到重要作用,但铁质极易氧化腐蚀,需引起保护工作的更大关注。

2)材色保护

木材受风、霜、雨、露等自然环境的影响,以致木材分解变质酸化后容易发生变色。

绝大部分古船采用聚乙二醇保护古船船材。聚乙二醇热渗透时保护效果较好,但随之会带来古船船材的炭黑现象,需要引起重视。例如,泉州宋船就发生过古船船材的颜色发黑现象。

为还原木材本色,可进行脱色处理,目前主要采用连二亚硫酸钠和草酸等进行脱色。

古沉船船体构件的材色保护通常与材质保护相关联,沉船因木材腐朽、Fe^{3+}等金属离子的作用,会失色或色泽变重。材质保护得好有利于材色的保护。

12.1.3　古沉船的材形保护

船材的材形保护如同船材的材质保护一样,是贯穿着沉船的发掘直至复原展出的全过程的。古沉船的材形保护是指在这全过程中最大限度地保持沉船船体及构件的原始形状。船材的材形保护不当,则船材会发生变形。船材变形主要有船体曲面的形状改变、构件的空间曲线的曲度改变，以及船体和构件发生扭曲变形等。古沉船的材形保护对于古沉船研究的重要性不言而喻。

在古沉船的测绘、发掘、打捞、分体、装运、拼装、复原和展出中，无论哪个时段的保护都应该遵循准确测量、仔细轻放、合理加固和正确置放的基本要领。

1）船体体形的测绘

古沉船的出土（水）现场测绘是沉船状态的最原始记录。对于沉船船体形状的测绘记录最为关键的是测量舱壁和肋骨的形状及位置，因为由此便可获得舱壁和肋骨所在位置的船体横剖面的形状，这就基本上获得了船体形状。

2）构件形状的测绘

对于船体分体拆散构件的测绘，一般按照先拆隔舱板，再拆外板，后拆龙骨的拆船程序将船体拆分。被拆开的古船船材上，逐件分别用钉标牌、书油漆、墨书三种方式进行标记，为将来的古船复原做好翔实、完备的记录工作。

对弯曲形状的构件测绘必须测得能表述构件弯曲形状的数值才行，如量取已选定的若干适当位置点离已确定的基准线的距离值并做记录，例如对肋骨弯曲线和舱壁边缘线的测量，光测弯曲线的一个拱度值是不够精确的。

中国古船的主龙骨有的存在中部向上略有拱起的情况，这点在测量中往往容易被忽视。

3）沉船和构件的运输

沉船和构件在移位运输中难免会受到振动等外力影响，因此，在装运时必须将船体构件装入定制的木箱，用起泡膜作垫充、衬垫，并用泡沫进行必要的固定和缓冲处理。

4）沉船和构件的置放

古沉船在测绘、发掘、打捞、分体、装运、拼装、复原和展出的各项环节中，合理加固和正确置放是保持沉船形状的保证。最常见的是采用局部加强、设置支撑、特制托架等措施。

举如下实例。

沉船残体拼装复原置于托架定型。

托架的纵向托梁承托船底龙骨，横向托架必须位于舱壁或肋骨位置。泉州宋代海船坐落在特制的托架上，其陈列的景象如图 12-2 所示。"蓬莱 1 号"船在残体复原的基础上将船体的延伸复原缺失部分用铁条所构成的曲面显示，很具直观效果（见图 12-3）。

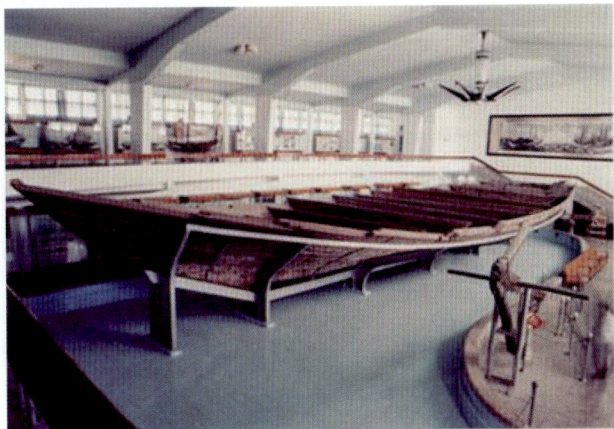

图 12 - 2　泉州宋代海船坐落在特制的托架上陈列

图 12 - 3　"蓬莱 1 号"延伸复原船体形状的显示

对打捞出水的有弯曲度的构件应将构件的平面部分置放在平台上(见图 12 - 4(a)),但是在图 12 - 4(b)中,虽然前面的一根构件的置放是正确的,但其他的构件都是曲面部分搁置在平台上,呈构件两头翘起的状态,这显然是不利于构件的保形,若为了测量工作需要用此放置状态,则应用泡沫进行必要的固定垫衬,两端设临时支撑。好在此构件截面尺寸较大,不至于造成较大的变形。

12.1.4　古沉船保护方式

就古船保护方式来讲有三种:原址、迁移和回填。迁移又分整体迁移和分体迁移两种,迁移保护的工作量和难度最大。前面介绍的主要是整体迁移保护,如"南海 1 号"的整体迁移,"蓬莱 1 号""小白礁 1 号"等都是分体迁移。现对原

图 12 - 4(a)　"小白礁 1 号"打捞出水的舱壁板和部分肋骨

图 12 - 4(b)　"小白礁 1 号"拆下的构件置放在平台上

址(就地)保护和回填两种保护分别略作介绍。

1) 原址保护

2002 年在浙江萧山跨湖桥遗址出土了距今 8 200～7 800 年的独木舟,这是目前现存最早的独木舟。独木舟残长为 560 厘米,最宽处为 52 厘米,厚度为 2.5 厘米,由整棵马尾松火烧锛剡而成。在舟体周围还有许多木质构件。对该独木舟采取了原址(就地)保护,使可能产生对遗存的损坏减到最小,对跨湖桥独木舟来说,原址(就地)保护是最好的保护。现在原地建立的跨湖桥独木舟博物馆里展出,让参观者得以一睹其历史的风采。

2) 回埋保护

发现沉船后对其进行发掘,但因为发掘出土后的保护存在一定的技术或发掘资金上的困难,以及受其他种种发掘条件的限制,而暂时无完好的保存条件,所以不得不采取临时原地回填原土的措施对该船进行保护,也就是还原沉船沉没状态的自然环境,使沉船继续埋藏保护。这种回埋保护乃是不得已而为之的古沉船保护方式,当然,现在的回埋,也是为了将来更好的发掘。例如,宁波象山明船是 1994 年在浙江省宁波象山县涂茨镇后七埠村发现的一条明代前期的海船,经 1995 年 12 月抢救性发掘,清理出的海船保存较为完好。由于种种发掘条件的限制,除局部外,没有对全船进行解剖测量,考虑到暂时无完好的保存条件,进而采取了临时回填原土的措施原地回埋加以保护。

广东"南澳 1 号"沉船打捞出水了明朝瓷器一万多件,实因打捞条件尚不具备也被继续埋藏于二十多米的海底。

12.2 古沉船研究

12.2.1 古沉船研究的主要内容

古沉船研究涉及专业面广,研究内容丰富。现将其分为古沉船的总体研究和古沉船本身的船舶技术与建造工艺研究,并以泉州宋代海船为例阐述。

1) 古沉船的总体研究

古沉船研究中必然会涉及下列几个主要方面:沉船的船种、沉船的船型、沉船的建造地、沉船的航线、沉船的沉没原因、沉船的年代、沉船的文物研究价值、沉船的历史地位等。

2) 古沉船本身的技术特点和建造工艺研究

除上述的古沉船的总体研究外,就沉船本身技术特点和建造工艺而言,同样有许多值得研究的,大体上有如下几个方面:

(1) 尺度与船型——沉船残存尺寸、复原主尺度、排水量、载重量和载客量以及沉船线型特征等。

(2) 总布置概貌——主体的分舱与舱室分布及其大小,装货和载客分布,上层建筑的形式与布置,帆、桅、绞车及缆索等属具在甲板面上的分布位置等。

(3) 整体结构及其特征——包括船底、舷侧、甲板及龙骨、橺材、舱壁、首端与尾部、舱口等部位的结构特点。

(4) 构件连接方式——构件的端接与边接、舱壁与船壳连接、桅与桅座连接、舱口围板连接等的连接形式与尺寸。

(5) 构件连接用钉和捻缝材料——各种榫、木钉、铁钉、销钉、锔钉等的形式、分布部位。

(6) 堵漏舱料——舱料的成分、配置比例和制作工艺。

（7）各部位结构构件的尺寸和采用的材料——船壳、龙骨、桅杆、舵杆、木锚、绞车木等尺寸和用材。

（8）古沉船的推进、操纵、系泊等设施——桨、帆、舵、锚等船舶属具的尺寸、结构、材质和操作使用。

（9）其他。

3）古沉船研究的举例

1974年夏,在福建省泉州湾的后渚港出土了一艘宋代木造航海货船(见图12-5)。1979年3月在古港泉州召开了"泉州湾宋代海船科学讨论会",集中了考古、历史、造船、航海、海外交通、地质、物理、化学、医药和海洋生物等诸多学科约百位学者,就宋代海船的年代、建造地点、航线、沉没原因、古船的复原以及出土文物的鉴定与考释等问题进行了深入的讨论并得出相应的结论。

泉州沉船在诸多方面的研究堪称典范,此以泉州沉船的研究为例做简单介绍。泉州沉船主要研究成果反映在沉船的总体研究、船体技术特点研究和建造工艺研究三个方面。

图 12-5　泉州宋代海船出土现场

（1）泉州沉船总体研究。

a. 关于总体船型。

泉州宋船的船型长宽比小,水线长与水线宽之比只有2.647,这对保证船舶稳性是极为有利的。古船的型线非常瘦削,这对保证船舶快速性是很重要的。许多史料都指出该船为宋代远洋海船。

b. 关于沉船年代。

泉州沉船年代断定为宋代的根据有三：第一，船舱中出土的大量陶瓷器碎片都有宋代特征，未见有宋以后的瓷器；第二，舱中出土了宋代铜钱；第三，对沉船地点淤泥样品的海滩沉积环境的研究，表明该船的沉没埋藏过程应距今有700年以上的时间。

c. 关于古船的航线。

研究的结论是：这是一艘由南洋返航的远洋船。第一，船舱中出土的香料、药物，在数量上占出土文物的第一位，这些香药的主要产地是南洋诸国和阿拉伯沿岸地区，俗称"南路货"；第二，北南宋时已在泉州设市舶司，泉州是通向南洋的重要门户；第三，船中出土的贝壳和船壳附着的海洋生物大部分属于暖海种，还发现船壳上有很多钻孔动物——巨铠船蛆，这在我国沿海从未发现过的。这有力地佐证了沉船是航行于南洋一带的。

d. 关于建造地点。

从造船工艺看，船板用铁钉钉合，缝隙又塞以麻绒油灰是福建常用的方法，特别值得注意的是，海船龙骨接合处凿有"保寿孔"（见图4-8），中放铜镜、铜铁钱等物，其排列形式似"七星伴月"状，据称这是福建本地造船的传统习惯。

e. 关于沉没原因。

泉州沉船船底无损，则不太可能触礁；港道水深，不会搁浅；附近洛阳江可避台风；即使遇难，只要有人管理也可营救。从沉船的残存情况看，说明沉船前或受风浪冲击，或有人为的战乱。许多史学家分析，南宋末年，泉州战火纷飞，该海船可能就是此期间沉没的，时为1277年。

（2）船舶技术特点研究。

泉州宋代海船的船体结构特点主要有以下几方面的研究：

a. 龙骨。

松木主龙骨，尾部接尾龙骨，首端接以樟木首柱，龙骨的接头部位选在弯矩较小的靠近首尾1/4船长处，接头用直角同口榫合，能很好地适应和承受所遇到的各种外力。

b. 壳板。

船壳由多重板构造，为马可·波罗对中国船"船用好铁钉结合，有二重板叠加于上"的论述提供了实物证据。

壳板的边接缝采用混合平接与搭接方式，每一列壳板的端接缝则采用斜角同口、直角同口方式。所有的边接缝和端接缝均采用子母口榫合,并塞以麻丝、桐油灰艌料,还加上铁钉。钉有方、圆、扁诸种,钉钉的方法也是多样的。

c. 舱壁及肋骨。

泉州沉船设有 12 道水密舱壁将船分隔成 13 个货舱,这与马可·波罗记叙"若干最大船舶有最大舱十三所,以厚板隔之,其用在防海险"是一致的。最下一列壁板用樟木以耐腐蚀,在近龙骨处开有流水孔。

舱壁板周边与壳板交界处装设有樟木制成的肋骨。值得注意的是:船中以前的肋骨都装在壁板之后;船中以后的肋骨都装在壁板之前,这有助于舱壁板的固定和全船的整体刚性。

d. 可眠桅技术。

泉州沉船保存下来的两个桅座,都用大块樟木制成。首桅座在第 1 舱中,座面开有两个桅夹柱孔,间距为 400 毫米。主桅座在第 6 舱中(见图 12-6)。与现代中国帆船一致,两个桅夹柱应是与舱壁相连的,用来固定船的桅杆。中国船的桅杆可眠倒和拆卸,在泉船主桅前的第 5 号舱壁上留有方形孔,证实了泉州船当时已经采用了可眠桅和卸桅的技术。

图 12-6 主桅座

大桅可以起、倒的技术,在《清明上河图》已有所见,在北宋的文献上也有记载。由此可见,其时桅的起、倒已是成熟技术。

e. 舵可以升降。

现存的舵承座由 3 块大樟木构成,又用两重樟板加固于承座的背面。舵承的轴孔直径为380毫米,舵承的轴孔向后倾斜22°。在第11舱还曾出土一樟木的绞车轴残段,轴身凿有两个直径为130毫米的圆通孔,当是绞棒孔。这绞车轴或就是起舵用的绞关构件。中国海船的舵一向可以升降,这一成熟技术在宋代泉州海船上已经使用。

(3) 造船工艺的先进性。

a. 二重、三重板技术。

泉州宋船三重板的总厚度约为180毫米,采用多重板鱼鳞式搭接技术(见图10-14和图10-15)。泉船发掘过程中,曾将各层外壳板卸下,各板列保存十分完好,而且有充分的弹性,其工艺的精细已得到证明。

b. 选材适当而考究。

泉州宋船各种构件均依所处部位、受力状况和受腐蚀程度的不同而选用不同的木材。龙骨采用马尾松,舷侧板、船底板、舱壁板等,主要采用杉木。肋骨、首柱、舵承座、桅座、舱壁最下一列板,临龙骨的第1列、第2列壳板以及绞车轴等均采用樟木。

c. 壳板的钉连技术。

壳板横向的连接缝系平接与搭接混合使用。纵向则采用斜面同口、滑肩同口和直角同口等方法。不论是横接或纵接都予以子母榫榫合,并塞以麻丝、桐油灰艌料,还加上铁钉。铁钉的断面形状有方、圆、扁、棱形等多种样式并有不同的钉帽。

在中国,钉连船板技术中最为重要的,也最具有先进性的是使用挂锔或称为锔钉,这在泉州古船也有发现。铁钩钉(即锔钉)的残迹,仅第8舱就残留14处之多。

泉州宋船的挂锔如图10-25所示,挂锔的根本作用在于将外板拉紧并钉连在舱壁上。做法是先在舱壁上预先开锔槽,在外板上开孔缝,把锔(钉)由外向内打进并就位在舱壁的锔槽内,再用钉将锔钉钉在舱壁上。

泉州宋代沉船的研究不仅涉及造船史,还涉及航海史、海外交通史、海外贸易史等诸方面,其出土文物所显示出来的研究价值极高,这已被各界学者所肯定。

12.2.2 古沉船研究的特点

出土文物的考古是一项涉多学科多专业的综合性的学术研究,作为最重要文物的古沉船本身，它的考古也当如此。如何正确认识沉船本身的文物考古是值得各界关注的问题，从古沉船特性出发，古沉船研究的特点明显，在古沉船研究中对下列几点认识的讨论是需要的。

（1）由于出土（水）古沉船的真实性和可靠性，使得它的考古发掘成为研究船舶技术史的重要途径。因为中国古代历来轻视技术，古文献中极少有技术方面的记载，在文人所撰史料中对技术不是一字不提就是一笔带过，即使有所提及也只是非常笼统的短短几句概括性的记载，更不用说详细地描述了，所以造船技术史研究光靠文献史料是远远不够的。出土（水）的古沉船非常直观生动地展现造船技术的真实模样，用它对照文献史料记载加以研究就容易正确认识古船的历史真面貌。

（2）沉船考古涉及的专业学科更为广泛，如造船、航海、水文、气象、地理、天文、测量、生物、材料、贸易、人文历史等，它不仅仅是考古专业的也应是各相关专业的工作。它的研究成果是各学科相互配合、相互融合、相互印证、相互补充、互相支持的合作研究结果。沉船考古学术会议活动出席的专家学者通常也是来自众多学科领域。不同专业考古研究之间的关系是一种相互不可取代的紧密合作关系。

（3）古沉船作为文物，它的出土（水）完整性往往较差，见得较多的出土沉船通常只残留船底部分，其实船体突出部分的桅、帆、锚、舵等船舶属具更易受损，一般很难见到随沉船同时出土（水）。这是因为古代木质沉船及其属具除长时间水浸外还常受到由多种原因引起的不同程度的损坏，例如，木船遭受不正常外力（如风浪、碰撞、搁浅、火灾、战争等）；海损沉没海底后遭受海流、泥沙、海洋生物的损害；沉船被水面船舶的抛锚无意触及；还有水下文物偷盗者的偷盗和人为破坏等。目前出土最完整的要算梁山明代河船了（见图 12 - 7），它的船体完整到甲板俱在，真是难得。不过它的桅、帆、舵也未曾见到。

（4）木质古沉船在打捞发掘和出土过程中因常受到一定的外力作用，所以极易受损和变形，这无疑给出土（水）沉船的考古和复原工作造成困难。

（5）长期浸泡在水里的沉船出土（水）后的保护是一项难度大、技术要求高、非常专业的文物保护工程。

（6）从事古沉船考古的人员掌握一定的古船知识是非常必要的，若沉船考古人员缺乏古船知识就难免会在考古中忽略出土（水）古船的一些结构特征、连接方式、接缝的捻缝材料等技术细节；对可能散落在沉船附近的沉船的桅、帆、

图 12-7　梁山明代河船

锚、舵等属具没能引起应有的关注或对沉船受损部位的遗存观察记录不详等,这无疑会对沉船考古带来损失。例如,宁波宋代沉船的减摇龙骨(舭龙骨)是被船舶专业的船史学者所发现和认证确定的,当时考古学者对出土的一条长木板上钉着一根很长的半圆木见而不知其为何构件(见图 3-14(a))。

(7) 沉船复原研究难度较大。沉船不同于碗、盆、碟、缸等陶瓷器,具有 360° 的回转轴对称性,它的复原相对于这些物品要更具难度。船舶只有左右的面对称,正如前面所述,沉船通常只残留船底部分而且存在各种原因引起的变形,如若沉船首尾残缺较多,那么其首尾的复原难度相比之下就更大。

(8) 对沉船考古研究的某些结论往往会有不同的认知,这也是很正常的。由于学者的专业不同、所掌握的出土(水)信息和史料、学者的学术水平与经验的不同,甚至受到时代认知的影响等,对同一考古对象可能会得出不尽相同甚至相反的结论,这正说明考古的全方位深入研究和多学科学术研讨的重要性。学术界存在不同的学术见解,此时需要通过学术研讨和学术争论来探索历史的真实面貌。

(9) 古沉船的考古工作者掌握古船知识的重要性是不言而喻的,造船技术史学者也应该成为沉船考古的重要工作者之一,对沉船本身的考古来说,他们往往能提出比较专业的、合理的见解、建议和判断,往往能在考古工作中发挥更大的作用和更有作为。船史学者同样需要更多地学习考古知识,虚心向考古学者学习,只有这样,才能与考古学者在古沉船考古中默契配合,达到有效工作的目的。

参考文献

［1］盛振邦. 船舶原理［M］. 上海：上海交通大学出版社，2018.

［2］席龙飞. 中国造船通史［M］. 北京：海洋出版社，2013.

［3］韩寿家. 造船大意［M］. 大连：大连海运学院出版社，1993.

［4］《水运技术词典》编辑委员会. 水运技术词典——古代水运与木帆船分册［M］. 北京：人民交通出版社，1980.

［5］辛元欧. 上海沙船［M］. 上海：上海书店出版社，2004.

［6］张安治. 清明上河图［M］. 北京：人民美术出版社，1979.

［7］大庭修. 关于平户松浦史料博物馆藏"唐船之图"——江户时代来航的中国商船资料［J］. 关西大学东西学术研究所纪要，1972(5).

［8］沈括. 梦溪笔谈［M］. 张福祥，译注. 北京：中华书局，2016.

［9］Worcester G R G. The junks and sampans of the Yangtze［M］. Shanghai：Inspector General of Customs，1947.

中国木帆船